LES DOSSIERS HACHETTE

Le Moyen Âge
Cycle 3

JEAN-MICHEL LAMBIN
AGRÉGÉ D'HISTOIRE

hachette
ÉDUCATION

Je remercie particulièrement Aliette de Buffières, professeur des écoles, qui a collaboré à cet ouvrage en écrivant les chapitres *À la manière de…*

Responsable de projet : Séverine CHARBONNEL-BOJMAN

Création de maquette de couverture : Laurent CARRÉ

Exécution de la maquette de couverture : TYPO-VIRGULE

Création de maquette intérieure : Laurent CARRÉ

Mise en pages : MÉDIAMAX

Illustration de la couverture : Alain BOYER

Illustrations : Nathalie DESVERCHÈRE, DOMINO (p. 30 et p. 85),
Cartographie HACHETTE (p. 39)

Cartographie : DOMINO

Recherche iconographique : Anne PEKNY

Pour Hachette Éducation, le principe est d'utiliser des papiers composés de fibres naturelles, renouvelables, recyclables, fabriquées à partir de bois issus de forêts qui adoptent un système d'aménagement durable.
En outre, Hachette Éducation attend de ses fournisseurs de papier qu'ils s'inscrivent dans une démarche de certification environnementale reconnue.

ISBN : 978-2-01-117340-9

Avant-propos

Les dossiers Hachette se proposent, pour chaque grande période historique, de faire reposer l'apprentissage de l'histoire sur l'étude de documents et leur analyse critique, et de faire revivre les traces du passé dans la France d'aujourd'hui. Les dossiers Hachette s'appuient sur un contenu scientifique adapté aux élèves, et ce dans une perspective dynamique.

Chaque dossier est divisé en chapitres de six pages. Chaque fois que cela était possible, nous avons privilégié une entrée par une grande figure historique, Clovis, Charlemagne, Jeanne d'Arc… Cette approche favorise l'appropriation du contenu historique d'une époque, à travers l'étude de grands personnages.
Chaque chapitre propose des documents variés : sources iconographiques, sources écrites, contemporaines ou décalées dans le temps, documents reconstitués (schémas, axes chronologiques), cartes historiques permettant de maîtriser la construction spatiale du territoire national, informations complémentaires faisant le lien entre présent et passé.
L'ensemble de ces documents aide les élèves à progresser vers le résumé de la leçon, le « carnet de route », enrichi des définitions indispensables.

Le Moyen Âge est découpé en douze chapitres qui se composent chacun :
– d'une double page présentant le personnage ou le thème (Clovis, guerre de Cent Ans…) à l'aide de documents d'époque, de repères dans l'espace et le temps (cartes et frises chronologiques) ;
– d'une double page *Sur les traces de l'histoire* approfondissant le thème en s'appuyant sur les événements marquants de l'époque ;
– d'une double page *L'héritage de l'histoire* permettant de comprendre, à l'aide de quelques exemples simples, que le passé est toujours présent autour de nous, qu'il nous parle et que nous en sommes tributaires, en particulier dans la construction de notre nation. La page s'achève par une leçon récapitulative, le « carnet de route ».

Tous les trois chapitres, une double page *À la manière de* permet de :
– découvrir et vivre des situations de l'époque (dessiner, écrire , jouer...) ;
– pratiquer des activités interdisciplinaires (arts plastiques, théâtre...).

À la fin de l'ouvrage figurent des généalogies, des cartes, une frise chronologique, un lexique, couvrant l'ensemble de la période médiévale.

Jean-Michel Lambin

Le Mo

Sommaire

YEN ÂGE

Qui étaient Clovis

Les Mérovingiens sont les rois qui descendent de Clovis. Ce nom leur a été donné car le grand-père de Clovis s'appelait Mérovée. Ils ont régné jusqu'en 751.

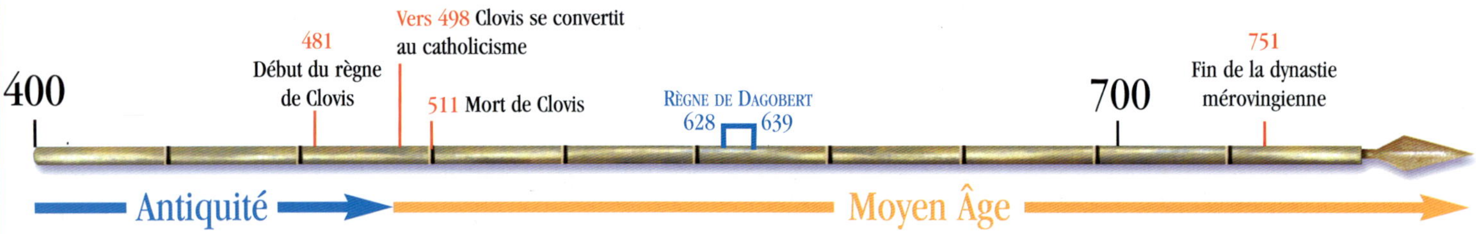

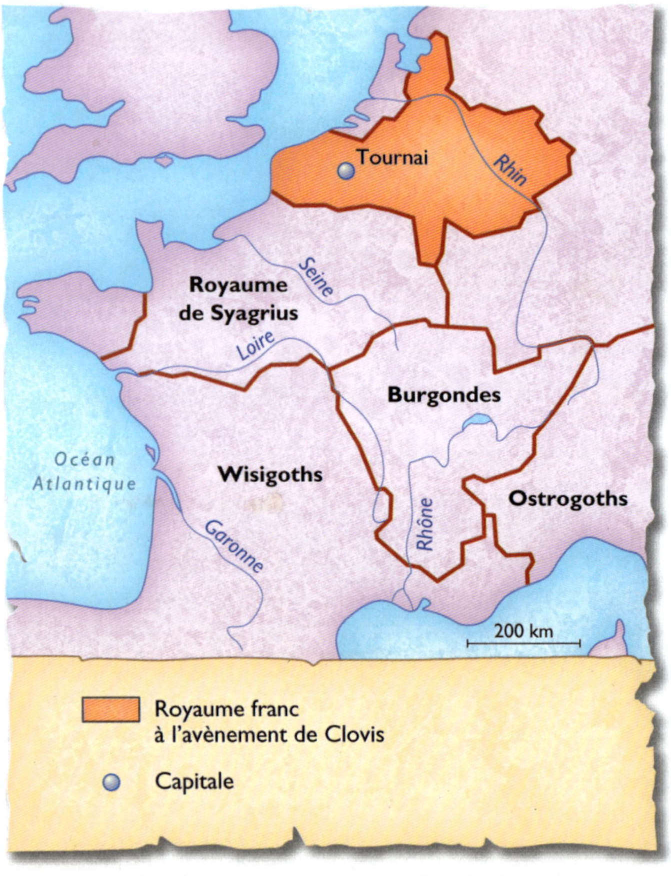

Doc. 1 La Gaule en 481, lorsque Clovis devient roi.

1. Où est situé le royaume des Francs ?

2. Quels sont les autres peuples présents en Gaule ?

Doc. 2 La Gaule en 511, à la mort de Clovis.

3. Comment a évolué le royaume des Francs ?

4. Quelle en est la capitale ?

ET LES MÉROVINGIENS ?

CLOVIS

Quand Clovis eut tué beaucoup d'autres rois et de proches parents dont il se méfiait parce qu'il craignait qu'ils ne lui prennent son royaume, il élargit son royaume dans toutes les Gaules. Cependant on rapporte qu'il s'exprima ainsi au sujet des parents qu'il avait perdus : « Malheur à moi car je n'ai plus de parents pour pouvoir m'aider ». Mais il disait cela par ruse pour savoir si, par hasard, il pourrait encore en découvrir un pour le tuer.

D'après Grégoire de Tours, *Histoire des Francs*, VIe siècle.

Doc. 3

5. De qui Clovis se méfiait-il ? Pourquoi ?

6. Que nous indique le **Doc. 3** *sur la personnalité de Clovis ?*

Doc. 4 **Une francisque.**

Doc. 5 **Casque franc** (VIe siècle).

7. Quelles indications nous donnent les **Doc. 4** *et* **5** *sur les Francs ?*

LE VASE DE SOISSONS

Illustration, *L'Histoire des Francs*, 1935.

Lors d'un partage de butin qui avait lieu dans la ville de Soissons, Clovis demanda qu'on lui donne un vase magnifique pour le rendre à l'évêque qui l'avait réclamé. Un soldat frappa le vase avec sa hache en disant que seul le sort pouvait décider du partage.

L'année suivante, Clovis jeta les armes de ce soldat par terre, disant qu'elles étaient sales. L'homme se baissa pour les ramasser et Clovis lui envoya sa hache dans la tête en disant : « C'est ainsi que tu as fait à Soissons avec le vase. »

D'après Grégoire de Tours, *Histoire des Francs*, VIe siècle.

Doc. 6

8. Que fait le soldat ?

9. Que fait Clovis un an plus tard ?

10. Que peux-tu dire de la personnalité de Clovis ?

LE SERMENT DE CLOVIS

Ô Jésus-Christ que Clotilde proclame fils du Dieu vivant... Si tu m'accordes la victoire sur ces ennemis, je croirai en toi et me ferai baptiser en ton nom. J'ai en effet invoqué mes dieux, mais comme j'en ai fait l'expérience ils ne m'ont pas aidé. Je crois donc qu'ils ne sont doués d'aucun pouvoir. C'est toi maintenant que j'invoque, c'est en toi que je désire croire pourvu que je sois arraché à mes adversaires.

D'après Jonas de Bobbio, *La Vie de saint Vaast*, VIIe siècle.

Doc. 1

1. Qui incite Clovis à invoquer Jésus-Christ ?

2. Que propose Clovis ?

LETTRE À CLOVIS

Tu dois t'adjoindre des conseillers qui pourront orner ta renommée […]. Tu devras t'en rapporter à tes évêques et recourir toujours à leurs conseils. Car si tu t'entends bien avec eux, ta province ne pourra qu'en être consolidée. Rends courage aux citoyens, relève les affligés, favorise les veuves, nourris les orphelins.

Lettre de l'évêque Remi à Clovis (extrait), 481.

Doc. 2

3. Pourquoi Remi conseille-t-il à Clovis de bien s'entendre avec les évêques ?

Doc. 3 **Le baptême de Clovis** (tablette en ivoire du IXe siècle).

4. Où est Clovis ? *5. Où est sa femme Clotilde ?* *6. Est-ce un document d'époque ?*

Doc. 4 À la mort de son frère, Clotaire Ier, fils de Clovis, tue ses neveux pour récupérer leur royaume (manuscrit du XVe siècle).

7. Pourquoi Clotaire Ier tue-t-il ses neveux ?

*8. Que nous indiquent les **Doc. 4** et **5** sur la personnalité de Clotaire Ier ?*

*9. Les **Doc. 4** et **5** sont-ils des documents d'époque ?*

Doc. 5 Clotaire Ier tue le duc Berthoualt (manuscrit du XVe siècle).

Le bon roi Dagobert

Le roi Dagobert fut l'un des rois les plus brillants et les plus populaires de l'époque mérovingienne. Il fit de nombreuses conquêtes, créa des monastères et se déplaça dans ses territoires pour rendre la justice. Il eut comme principaux conseillers des hommes remarquables comme saint Ouen, saint Didier et surtout saint Éloi comme le dit la chanson !

Monnaie mérovingienne représentant Dagobert.

La loi salique

Les Francs ont apporté en Gaule des règles germaniques comme la loi salique, loi des Francs saliens, sans doute rédigée pendant le règne de Clovis.

L'héritage des femmes
D'après la loi salique, les filles ne peuvent pas hériter de la terre du domaine paternel ; les garçons en héritent donc de la totalité mais cette loi ne concerne pas la succession des rois.

Le prix du sang
Le prix du sang était une amende qu'il fallait payer lorsqu'on avait commis un crime ou même prononcé une injure. Pour une blessure grave, le tarif était de 30 sous d'or. Pour le meurtre d'un noble franc, il fallait payer 600 sous d'or. Le prix à payer dépendait de l'importance de la victime !

Le supplice de Brunehaut (manuscrit, vers 1375-1380).

Des mœurs violentes

L'époque mérovingienne est marquée par la violence, les meurtres et les pillages. Les rois, mais aussi les reines, étaient cruels. Ainsi, la reine Brunehaut qui épousa un petit-fils de Clovis fut accusée d'avoir tué plus de dix rois. Le fils de l'une de ses victimes se vengea : elle fut attachée à la queue d'un cheval qui, dans sa course, lui brisa les os.

Des mots germains

À l'époque des invasions barbares, la langue parlée en Gaule était le latin. Avec l'arrivée des Francs, certain mots germaniques entrent dans le vocabulaire comme « guerre », « garde » ou « blesser ». Nous devons aussi aux langues germaniques des prénoms comme :
Bern hardo (ours fort) : Bernard
Hrodo berto (gloire brillante) : Robert
Theobaldo (peuple hardi) : Thibaut
Clodovechus : Ludovic ou Louis.

Lexique

Dynastie : succession de rois appartenant à la même famille.

Invasion : arrivée massive d'un peuple sur un territoire qui n'est pas le sien.

Maire du palais : sous les derniers rois mérovingiens, personne qui gère le royaume.

CARNET DE ROUTE

Des Barbares venus de l'Est

Au début du ve siècle, alors que les Gaulois vivent en paix, des peuples barbares venus de l'Est envahissent la Gaule. Ces **invasions** s'accompagnent de massacres, de destructions et de pillages. Puis, **ces Barbares installent leurs royaumes en Gaule**.

Parmi eux, **les Francs** s'établissent dans le nord de la Gaule et en Belgique.

Clovis, roi des Francs

Petit-fils du roi franc Mérovée, **Clovis** n'a que 15 ou 16 ans lorsque, à la mort de son père en 481, il hérite du royaume franc. C'est un guerrier courageux et très rusé, mais impitoyable avec ses ennemis. Il épouse une catholique, **Clotilde** et, sur ses conseils, **se fait baptiser** vers 498.

Son exemple est suivi par l'ensemble de ses guerriers et il devient le premier roi catholique de l'Occident chrétien. Clovis reçoit alors le soutien des évêques et du **peuple gaulois, en majorité chrétien**. Ce soutien lui permet d'étendre son royaume dont il fixe la capitale à **Paris**.

Le déclin des Mérovingiens

Premier roi de France, Clovis meurt en 511. **Ses quatre fils se partagent son royaume** mais très vite ils se font la guerre pour étendre leurs territoires. Les successeurs de Clovis forment la **dynastie** des rois mérovingiens.

Ils continuent de s'entretuer, laissant leurs royaumes à des princes de plus en plus jeunes, incapables de gouverner.
C'est la période des « rois fainéants » qui laissent leur pouvoir aux chefs de leur cour, les **maires du palais**.

Qui étaient Charlemagne

Les Carolingiens sont les rois qui descendent de Charlemagne. Ce nom leur a été donné car le grand-père de Charlemagne s'appelait Charles (en latin Carolus) Martel. Ils ont régné en France jusqu'en 987.

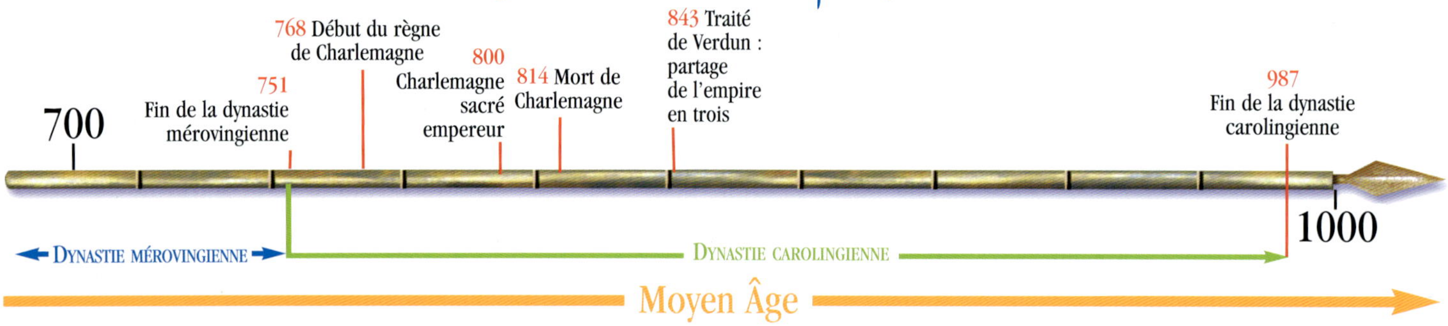

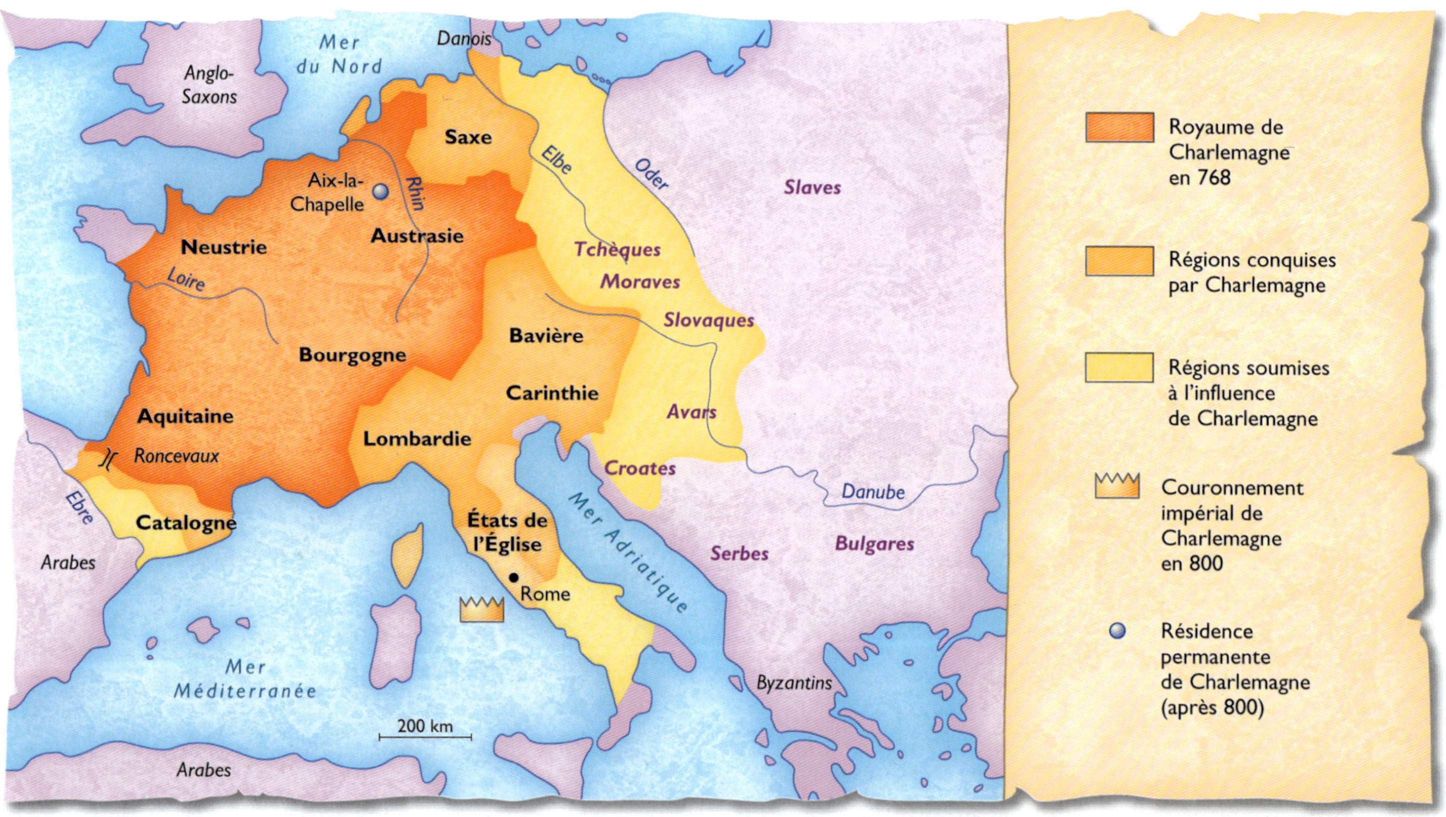

Doc. 1 Les conquêtes de Charlemagne.

1. À la lecture de cette carte, que s'est-il passé pendant le règne de Charlemagne ?

2. Où est la capitale après 800 ?

Reliquaire de Charlemagne (XIVe siècle).

CHARLEMAGNE CONQUÉRANT

Aucune guerre ne fut plus longue, plus atroce, plus pénible pour le peuple franc que la guerre de Saxe. Car les Saxons, comme presque toutes les nations de Germanie, étaient d'un naturel féroce ; ils pratiquaient le culte des démons et se montraient ennemis de notre religion. La guerre se poursuivit pendant trente-trois années consécutives.
Et l'on sait que la guerre ne s'acheva que lorsque les Saxons eurent accepté les conditions imposées par le roi Charles : abandon du culte des démons, adoption de la foi et de la religion chrétienne, fusion avec le peuple franc en un peuple unique.

D'après Eginhard, *Vie de Charlemagne*, IXe siècle.

Doc. 2

3. *Où se trouve la Saxe sur la carte* (Doc. 1) ?

4. *Qu'impose Charlemagne aux Saxons* (Doc. 2) ?

Doc. 3 Charlemagne retrouve le corps de Roland après la bataille de Roncevaux (manuscrit du XVe siècle).

5. *Que fait Charlemagne ?*

6. *Où se trouve Roncevaux sur la carte* (Doc. 1) ?

Doc. 4 Charlemagne à la tête de son armée (manuscrit du XVe siècle).

7. *Quel est le point commun entre les* Doc. 1, 2, 3 *et* 4 ?

Doc. 1 Le sacre de Charlemagne (manuscrit du xve siècle).

1. *Observe et compare les* **Doc. 1** *et* **2**. *Lequel est le plus proche de l'époque où vivait Charlemagne ?*

2. *Que fait le pape sur le* **Doc. 1** *?*

3. *Montre que Charlemagne est un roi très chrétien* **(Doc. 1)**.

Doc. 2 Charlemagne entouré de ses vassaux, comtes et *missi dominici* (Bible, 845).

4. *Où est Charlemagne* **(Doc. 1 et 2)** *?*

5. *À quoi te font penser les personnages et les vêtements* **(Doc. 2)** *?*

L'EMPIRE DISLOQUÉ

Pleurez, race des Francs, car l'empire élevé par la faveur du Christ gît à présent dans la poussière. Avant il n'y avait qu'un chef et il n'y avait qu'un peuple. Les gens vivaient dans la paix. Mais à présent l'empire a perdu et son nom et sa splendeur. L'unité royale s'est brisée en trois morceaux. Au lieu d'un royaume, il n'y a que des débris de royaume. Le bien commun n'est plus reconnu.

Florus, *Déploration de la division de l'empire*, vers 850.

Doc. 3

6. *De quel empire parle l'auteur de ce texte* **(Doc. 3)** *?*

7. *Pourquoi l'auteur se lamente-t-il* **(Doc. 3)** *?*

8. *Quels sont les «trois morceaux» dont parle l'auteur* **(Doc. 3 et 4)** *?*

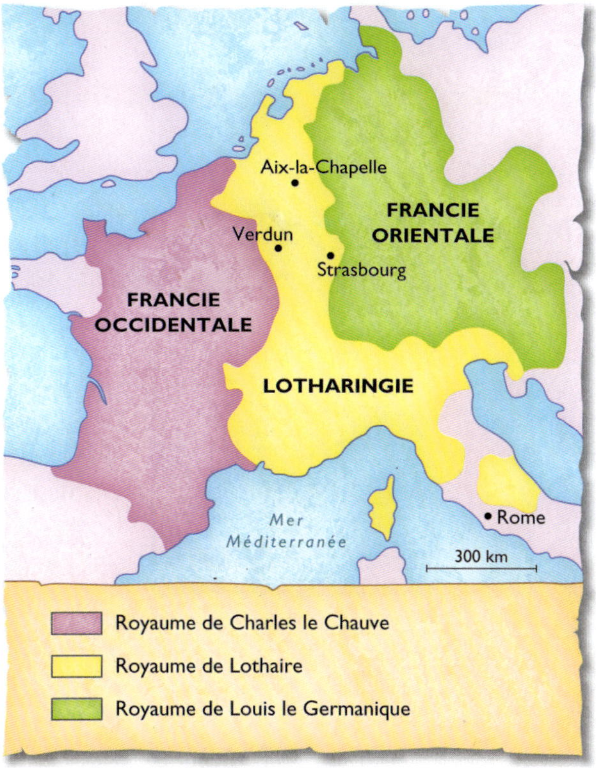

Doc. 4 Le partage de l'Empire carolingien au traité de Verdun (843).

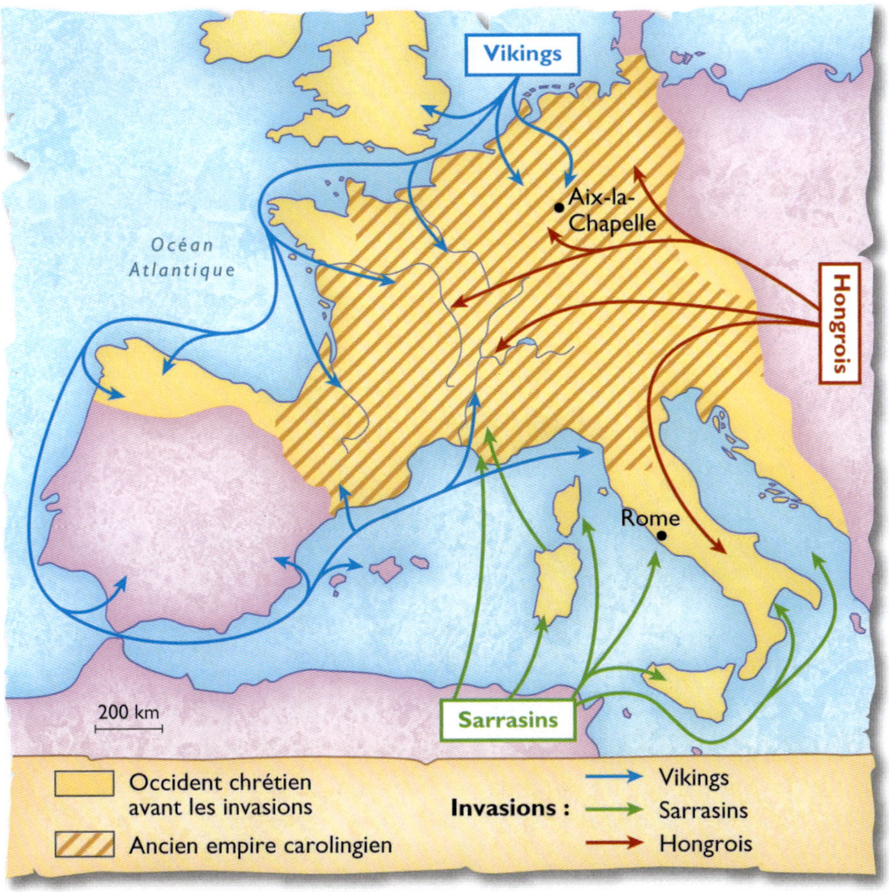

9. *Qui envahit l'Occident aux IXe et Xe siècles ?*

10. *Quel danger représentent ces invasions pour l'Occident chrétien ?*

Doc. 5 Les invasions des IXe et Xe siècles.

L'héritage de Charlemagne et des

L'école de Charlemagne

Charlemagne et un scribe
(manuscrit du XVe siècle).

Qu'on rassemble non seulement
les fils de riches familles
mais aussi les fils de condition
modeste. Qu'il y ait des écoles
pour l'instruction des garçons.
Dans tous les monastères
et les évêchés, enseignez
les psaumes, l'écriture, le chant,
le calcul, la grammaire et corrigez
soigneusement les livres religieux
car souvent, alors que certains
désirent bien prier Dieu,
ils y arrivent mal à cause
des erreurs dans les livres.

Charlemagne, *capitulaire de 789*

Un empereur chrétien honoré dans plusieurs pays d'Europe

Charlemagne peint
par le peintre allemand
Albrecht Dürer, XVIe siècle.

En Allemagne, Charlemagne
est considéré comme
un empereur germanique.

Le fer à cheval

Le fer à cheval,
qui sert à protéger
le dessous des sabots
des chevaux, a été
inventé à l'époque
de Charlemagne !

Aix-la-Chapelle

Charlemagne, qui aimait beaucoup
les eaux chaudes d'Aix (en Allemagne),
choisit cette ville comme capitale
de l'empire et y construisit son palais.
Seule la chapelle est encore visible
aujourd'hui et on peut y voir
le trône de Charlemagne.

Reconstitution du palais de Charlemagne à Aix-la-Chapelle
(dans Pierre Riché, *Charlemagne*, Perrin, 1996).

Carolingiens

Un empereur qui cherche à ressembler aux empereurs romains

Sur ce denier, Charlemagne est couronné de lauriers, comme un empereur ou un général romain victorieux. L'inscription KAROLUS signifie « Charlemagne » et IMP. AUG. est une abréviation du latin qui veut dire « empereur Auguste » ; c'est le titre de tous les empereurs romains.

Denier en argent représentant Charlemagne, vers 812.

Lexique

Comte : sous les Carolingiens, personnage nommé par l'empereur pour le représenter dans les provinces.

Missi dominici (du latin « envoyés du maître ») **:** personnages envoyés par l'empereur pour surveiller les comtes.

Vassal (pluriel vassaux) **:** personne au service d'un seigneur qui est son suzerain. Le vassal doit obéir à son seigneur et lui venir en aide.

CARNET DE ROUTE

Le début des Carolingiens

Les derniers rois mérovingiens laissent peu à peu leur pouvoir aux maires du palais. L'un d'eux, **Charles Martel, arrête l'invasion arabe à Poitiers en 732** (lire Doc. 4 p. 21). Son fils, Pépin le Bref, renverse le dernier roi mérovingien et se fait élire roi en 751.

À sa mort, en 768, son fils Charles lui succède.

Du roi Charles à l'empereur Charlemagne

Charles agrandit le royaume par de nouvelles conquêtes. Il remporte de nombreuses victoires et christianise les nouvelles provinces. Qualifié de « magnus » (grand), il devient Carolus Magnus (Charlemagne). **En l'an 800, le pape le couronne empereur à Rome.** Charlemagne porte ainsi le titre des prestigieux empereurs romains ; il est à la tête d'un immense empire.

Pour contrôler un tel empire, composé de peuples de cultures différentes, il ordonne que des écoles soient créées dans chaque évêché. Il nomme des **comtes** dont **le rôle est de rendre la justice, de percevoir les impôts, de lever des troupes**. Il les fait surveiller par des envoyés de l'empereur, les ***missi dominici***. Pour s'assurer la loyauté de ses sujets, il fait prêter un serment de fidélité à ses **vassaux** et à tous les hommes libres de l'empire.

La dislocation de l'Empire carolingien

Charlemagne a été un bon administrateur, un grand conquérant et un défenseur de la chrétienté. Mais ses successeurs ne s'entendent pas. **L'empire est partagé en trois**, au traité de Verdun (843). Les chefs locaux sont de plus en plus indépendants du pouvoir des rois.

Aux IXe et Xe siècles, **Vikings, Sarrasins et Hongrois envahissent l'Europe chrétienne** par le nord, par le sud et par l'est. La chrétienté est menacée.

Qui était

Au VIe siècle, en Arabie, Mahomet prêche une nouvelle religion. Il annonce que l'ange Gabriel lui a révélé en songe qu'Allah (Dieu en arabe) l'a choisi comme prophète. À ceux qui le suivent – les musulmans – il révèle la parole d'Allah.

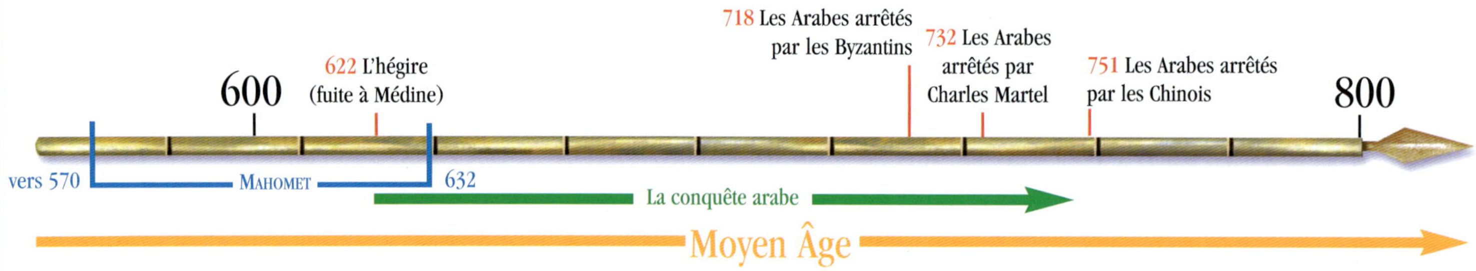

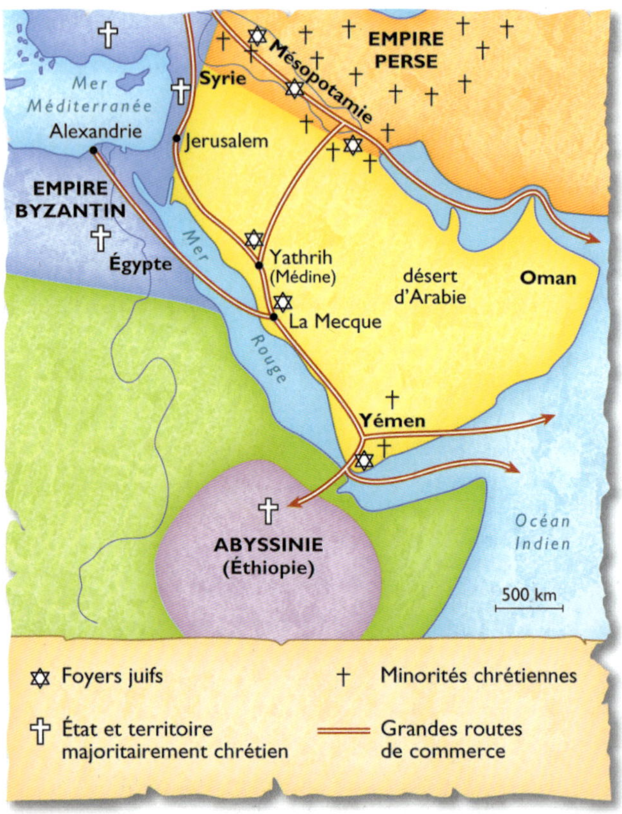

Doc. 1 L'Arabie au temps de Mahomet.

1. Quels sont les États voisins de l'Arabie ?

2. Où se situent les chrétiens et les juifs ?

L'ANGE GABRIEL ET MAHOMET

Manuscrit perse du XIIIe siècle.

L'ange Gabriel prit Mahomet entre ses deux ailes et lui dit : « Mahomet, tu es le prophète de Dieu et je suis Gabriel l'ange de Dieu qui t'apporte son message pour que tu le lises. » Mahomet lui répondit : « Comment lirais-je, moi qui ne sais pas lire ? » Gabriel lui dit : « Lis au nom de ton seigneur qui a tout créé. »

D'après Ibn Hicham, Sirat-ar-Rossoul, *Vie du Prophète*, IXe siècle.

Doc. 2

3. Qui est l'ange Gabriel ?

4. Quelle est la réaction de Mahomet ?

5. Comment expliques-tu cette réaction ?

Mahomet ?

EXTRAITS DU CORAN

Celui qui, pour l'amour de Dieu, donne de son bien à ses proches, aux orphelins, aux pauvres, aux voyageurs, aux mendiants et pour le rachat des captifs ; celui qui s'acquitte de la prière ; celui qui fait l'aumône. Voilà ceux qui sont justes !

Sourate II, 177 (extrait).

Il n'y a de Dieu que lui, le Puissant, le Sage ! C'est lui qui a fait descendre sur toi le Livre.

Sourate III, 6. Trad. de D. Masson, « Pléiade », Gallimard, 1972.

Si vous craignez d'être injustes envers les orphelins, n'épousez que peu de femmes, deux, trois ou quatre parmi celles qui vous auront plu. Si vous craignez encore d'être injustes, n'en épousez qu'une seule ou une esclave.

Sourate IV, 3. Trad. Kazimirski, « Classiques Garnier ».

6. Qu'est-ce que faire la charité pour un musulman ?

7. L'esclavage existe-t-il au temps de Mahomet ?

Doc. 3

Doc. 4 Mahomet et les premiers musulmans (miniature turque).

8. Que fait Mahomet ?

Doc. 5 Mahomet désigne Ali comme son successeur (miniature chiite iranienne, 1307).
Ali est le cousin de Mahomet ; il épouse sa fille, Fatima. Les musulmans chiites (nombreux en Iran et en Irak) ne reconnaissent comme chef des musulmans que les descendants d'Ali.

9. Où est Mahomet ? Quel geste fait-il ?

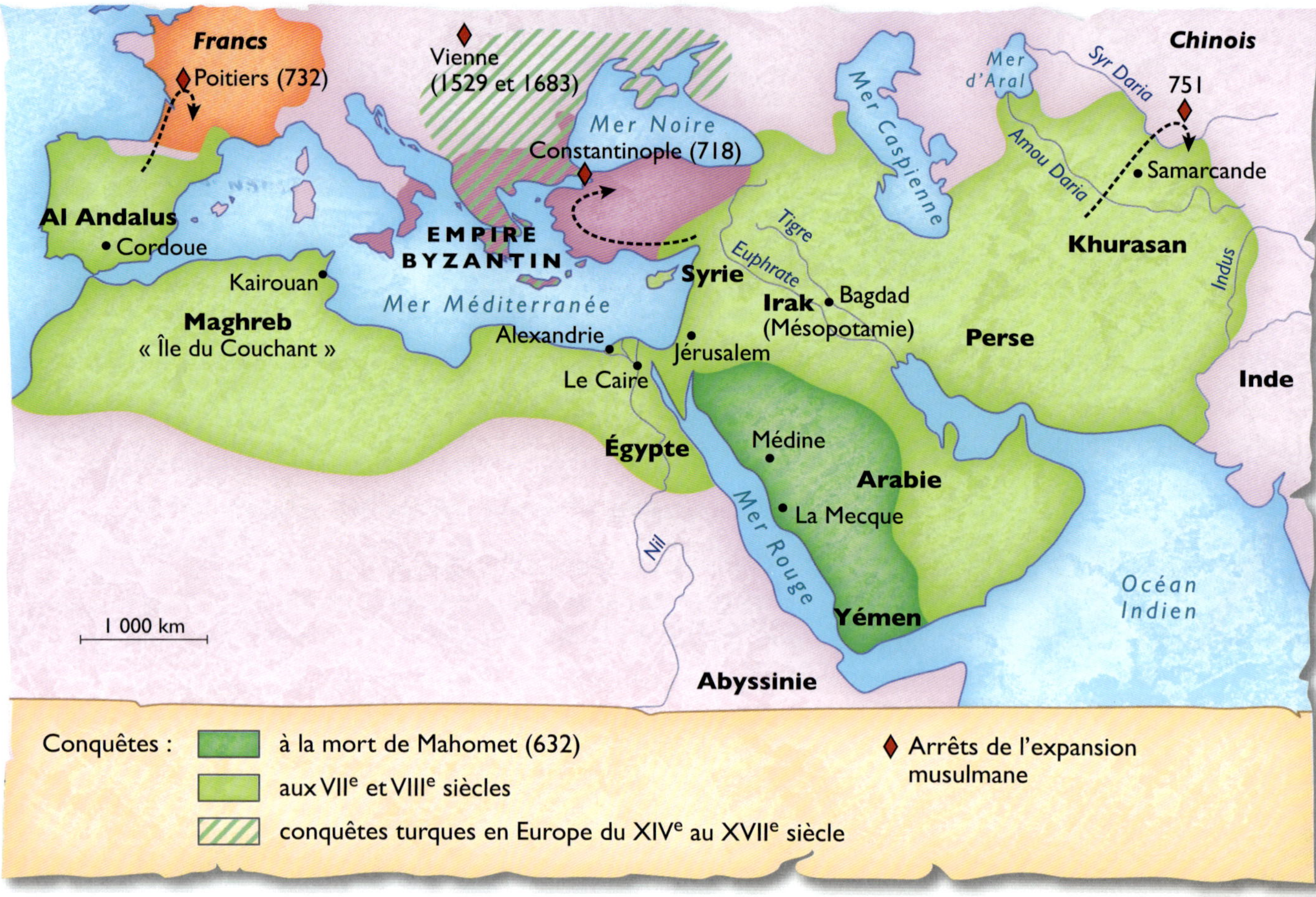

Doc. 1 La conquête musulmane.

1. *Quel territoire est musulman à la mort de Mahomet ?*

2. *Quels territoires sont conquis par les musulmans aux VIIe et VIIIe siècles ?*

3. *Quels peuples ont arrêté les musulmans entre 718 et 751 ?*

4. *Les Turcs musulmans ont conquis d'autres espaces. Lesquels ?*

CONDITIONS POUR RESTER CHRÉTIEN EN TERRE MUSULMANE

N'empêcher aucun musulman de s'arrêter dans les églises. Ne pas construire d'église, de couvent, ne pas réparer ceux qui sont délabrés, n'empêcher aucun chrétien de devenir musulman s'il le désire ; ne pas ressembler aux musulmans par l'apparence, le costume ; ne pas avoir d'esclaves ayant appartenu à des musulmans.
Celui qui rejette ces conditions ne sera pas protégé.

D'après *le pacte d'Omar*, calife de 634 à 644.

Doc. 3

5. *Un chrétien peut-il réparer son église ?*

6. *D'après le pacte d'Omar, le christianisme peut-il se développer en terre musulmane ?*

LES ARABES SONT ARRÊTÉS À POITIERS (VERS 732)

Le maire du palais Charles Martel vient défendre Tours menacé par une invasion de musulmans venus d'Espagne, commandés par Abd al Rahman. Ce dernier est tué dans une bataille qui se déroule non loin de Poitiers, vers 732. Ce sera la dernière avancée de musulmans armés, aussi loin vers le nord du royaume des Francs.

« Ubayda, gouverneur de l'Afrique du Nord, avait donné autorité sur l'Espagne à Abd al Rahman ; il fit des expéditions contre les Francs. Ce sont les ennemis les plus lointains de l'Espagne musulmane. Il remporta de gros butins. Il se lança ensuite dans une autre expédition et tous ses compagnons furent tués ; sa mort survint en l'an 733-734. »

D'après le récit de Ibn Abd al Hakam, IXe siècle.

Doc. 4

7. Quel est le but des expéditions menées dans le royaume des Francs par Abd al Rahman ?

Doc. 5 **Guerrier arabe au combat.**

8. Quelle monture utilise-t-il ?

Doc. 6 **Des astronomes** (manuscrit turc du XVIe siècle).

9. Décris le costume des personnages.

10. Que font ces savants musulmans ?

LA FIN DE L'EMPIRE ARABE

Bagdad fut détruit et les divers pays de l'univers s'enrichirent de ses trésors. Les Mongols vendirent au prix du cuivre et du plomb les récipients d'or et d'argent qu'ils avaient trouvés dans les cuisines du calife. Les Mongols firent un énorme butin en pièces de soie, de satin, en étoffes importées de Byzance et de Chine, en chevaux d'Arabie, en filles turques, chinoises, berbères.

D'après Uaççaf, XIVe siècle.

Doc. 7 **La destruction de Bagdad par les Mongols en février 1258.**

11. Qui dirigeait l'empire ?

12. D'où viennent les richesses que les Mongols trouvent dans la ville ?

Une page du Coran

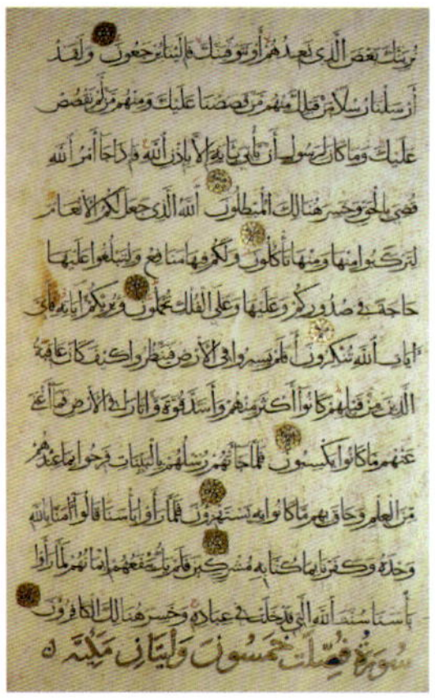

Les paroles de Mahomet sont regroupées dans le Coran qui est le livre sacré de l'islam.

Les cinq piliers de l'islam

- La profession de foi : « Il n'y a qu'un seul dieu, Allah, et Mahomet est son prophète. »
- La prière, cinq fois par jour.
- L'aumône aux pauvres.
- Le jeûne pendant la journée durant le mois de ramadan.
- Le pèlerinage à La Mecque.

La mosquée de Cordoue

Aujourd'hui, il reste des traces architecturales de l'expansion passée de l'islam en Europe. La mosquée de Cordoue, la plus grande mosquée du Moyen Âge après celle de La Mecque, a été construite à partir de 785.

Le pèlerinage à La Mecque (la Kaaba)

La Kaaba est un sanctuaire contenant la « pierre noire ». Elle est recouverte d'une étoffe noire. Lors du pèlerinage à La Mecque, les musulmans en font plusieurs fois le tour.

Le calendrier musulman : un calendrier lunaire

Les musulmans comptent les années depuis l'hégire (622), date de la fuite de Mahomet à Médine.
La durée d'un mois dans leur calendrier repose sur la durée d'une lune : 29 ou 30 jours. L'année lunaire, qui comprend 12 mois de 29 ou de 30 jours, a donc onze jours de moins que notre calendrier, qui est un calendrier solaire.
Pour cette raison, les fêtes religieuses musulmanes ne tombent pas à date fixe dans notre calendrier : elles varient de 11 jours d'une année sur l'autre.

Les drapeaux

Le drapeau de nombreux États peuplés en majorité de musulmans contient une étoile à cinq branches. Cette étoile représente les 5 piliers de l'islam. On la trouve par exemple sur le drapeau marocain.

La religion et la politique sont très liées dans les pays musulmans. Ainsi le drapeau de l'Arabie Saoudite porte, au-dessus d'une épée, la profession de foi du musulman : « Il n'y a qu'un seul dieu, Allah, et Mahomet est son prophète. »

Lexique

Calife : chef religieux et politique des musulmans. Il ne peut y avoir qu'un seul calife. Le calife correspond donc à la fois au pape et à l'empereur.

Coran (de l'arabe la « récitation ») **:** livre sacré des musulmans. C'est la transcription, en langue arabe, de la parole d'Allah. Le Coran est divisé en 114 chapitres que l'on appelle des sourates.

Islam : mot désignant la religion, les pratiques et les croyances des musulmans. En arabe, *aslama*, d'où provient le mot islam, est un verbe qui signifie « se soumettre ».

Musulman : de *muslim*, celui qui se soumet à Dieu.

CARNET DE ROUTE

Naissance de l'islam

Au VIIe siècle, l'Arabie est peuplée d'Arabes qui croient en de nombreuses divinités. Des chrétiens et des juifs y vivent également. **Mahomet est un prophète qui se dit inspiré par Allah.** Ne sachant écrire, il convainc par la parole.

Après sa mort, ses paroles sont regroupées dans le **Coran**, mot qui signifie « récitation ». Celui-ci contient les règles de l'islam. **Le Coran est complété par les hadiths**, récits parfois légendaires de la vie de Mahomet.

Mahomet entre Médine et La Mecque

En l'an 622, Mahomet est chassé de La Mecque et se réfugie à Médine. Cette date, appelée l'hégire (l'« émigration ») est **le point de départ du calendrier musulman**. Mahomet peut, après huit ans de combat et après avoir éliminé les juifs de Médine, reconquérir La Mecque. **Il entre en vainqueur dans La Mecque en 630.** À sa mort, en 632, toute l'Arabie est convertie à l'islam.

Les conquêtes arabes

Après la mort de Mahomet, les Arabes musulmans sont dirigés par des **califes**. Par la guerre sainte, ils font la conquête d'un immense empire qui comprend :

– tout **le Moyen-Orient**, précédemment chrétien ;
– **l'Iran** où l'Empire perse est détruit ;
– **l'Afrique du Nord, l'Espagne, la Sicile,** qui étaient aussi des pays chrétiens.

Mais les conquêtes s'essoufflent : les Arabes sont arrêtés par les Francs menés par Charles Martel à Poitiers en 732, puis par les Chinois en 751.

Par la suite l'Empire arabe se divise puis il disparaît en 1248. L'expansion musulmane reprend au XIVe siècle avec les Turcs qui s'avancent jusqu'à Vienne au XVIIe siècle.

J'étudie la tapisserie de Bayeux

La tapisserie a été brodée à la fin du XIe siècle en Angleterre. Elle raconte la conquête de l'Angleterre par le duc de Normandie, Guillaume le Conquérant et son armée, en 1066. Cette grande fresque historique, commandée par l'évêque Odon (demi-frère de Guillaume), était accrochée dans la cathédrale de Bayeux. Son rôle n'était pas uniquement décoratif mais aussi politique.

La tapisserie mesure 70 mètres de long sur 50 centimètres de haut. C'est une fine toile de lin brodée avec des fils de laine de huit couleurs différentes. Elles sont obtenues grâce à des plantes comme le genêt (jaune), la garance (rouge).

Au centre de la tapisserie, les scènes principales de la conquête sont délimitées par des motifs entrelacés. Elles sont bordées en haut et en bas par des scènes de vie quotidienne à la campagne, des images d'animaux fantastiques et des combattants. Entre la scène centrale et les bandes décoratives, un texte en latin résume les différents épisodes.

La tapisserie de Bayeux, *Bataille de Hastings*.

la tapisserie de Bayeux

Je découvre un scénario

Voici le début d'une histoire :
Nous sommes en l'an 1065, le seigneur Raoul de Tillières veut reconquérir son château tombé aux mains des Anglais…
Scène 1 : Les hommes sont dans leur campement, ils préparent les chevaux, les armes et les boucliers.
Scène 2 : Le seigneur rassemble ses troupes et les incite à combattre.
Scène 3 : L'assaut du château est donné.
Scène 4 : Le soir au campement, on présente les prisonniers à Raoul.
Scène 5 : Les émissaires négocient les rançons.
Scène 6 : Les Normands fêtent la victoire au cours d'un banquet.

Je dessine une scène

• Mettez-vous à plusieurs :
– choisissez une scène dans le scénario ;
– imaginez la mise en scène et réalisez le dessin.

• Bordez votre épisode d'arbres imaginaires et d'entrelacs. N'oubliez pas le texte !

• Pensez aux deux bandes qui encadrent le récit central, décorez-les avec des scènes de la vie paysanne ou des animaux fantastiques.

• Vous pouvez utiliser des techniques comme : le collage, l'inclusion de matériaux, la craie grasse, le tulle pour imiter les cottes de mailles, et pourquoi pas l'encre de Chine sépia et une plume pour écrire le texte !

• Une fois terminés, tous les épisodes seront rassemblés sur une grande bande de papier ou de tissu, à la manière de la tapisserie de Bayeux !

COMMENT VIVAIT-ON

La société du Moyen Âge repose sur l'exploitation de la terre, principale source de richesse : l'immense majorité de la population est composée de paysans. Moins d'un Français sur dix vit dans une ville.

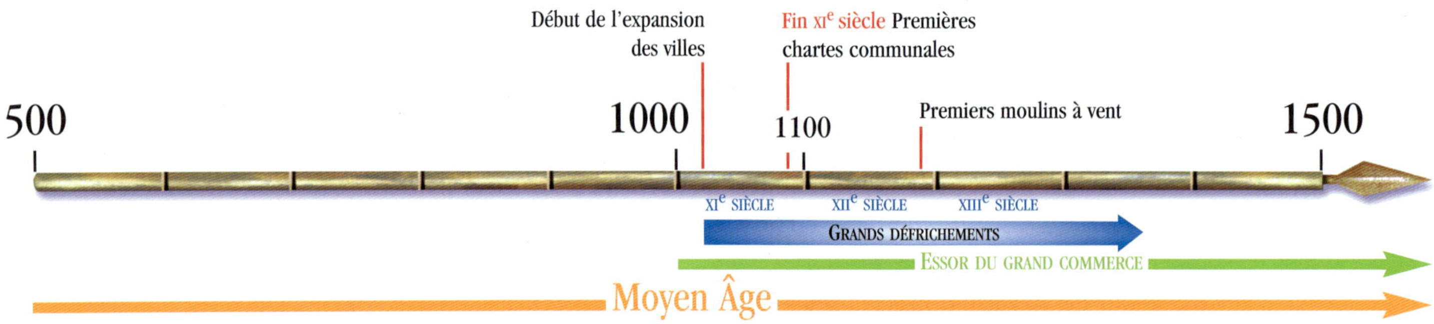

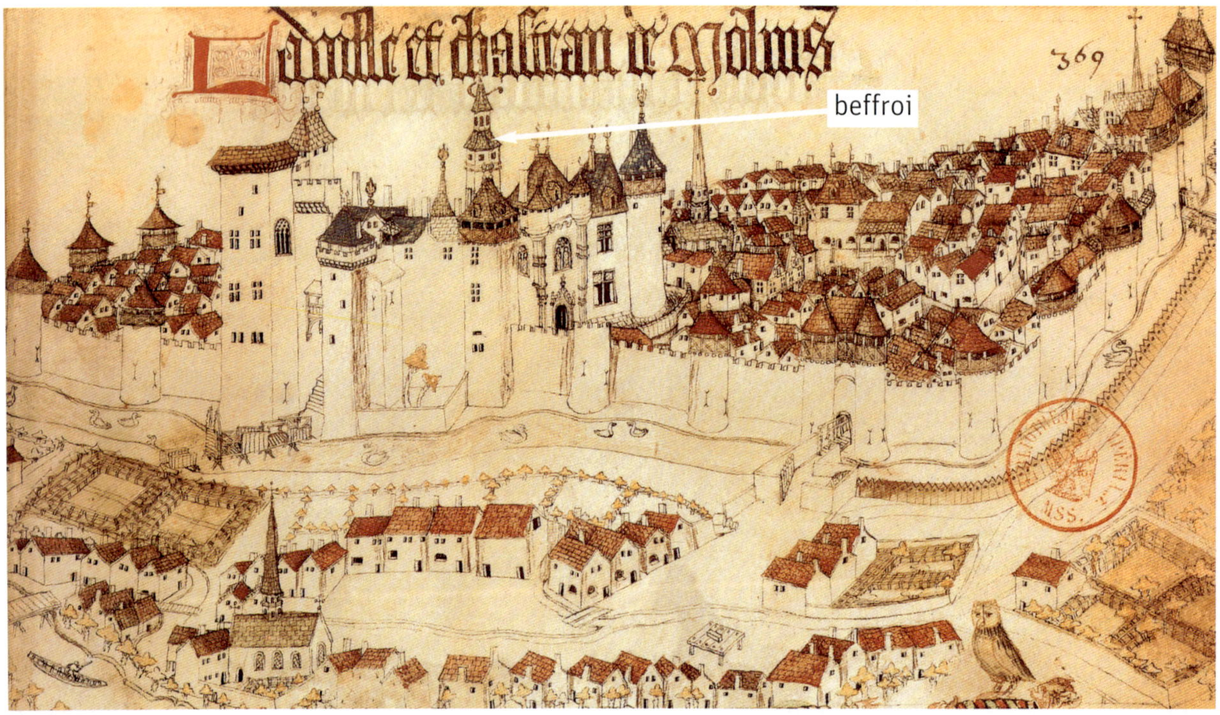

Doc. 1
La ville de Moulins (manuscrit du XVe siècle).
Les habitants des villes luttent pour leur indépendance vis-à-vis des seigneurs. Ils créent des communes.

1. Qu'est-ce qui entoure la ville ? Pourquoi ?

2. Quels édifices reconnais-tu à l'intérieur de cette ville ?

3. Décris les maisons. Elles sont, le plus souvent, bâties en bois. Quel risque leur disposition fait-elle courir à la ville ?

au Moyen Âge ?

Doc. 2 **Calendrier des travaux agricoles** (Pietro Guescenzi, XVe siècle).
Chaque image correspond à un mois de l'année, de janvier à décembre.

4. Quels travaux agricoles retrouves-tu en juin, juillet et août ?

5. Quels outils utilise le paysan en juin et juillet ?

6. Que fait le paysan en septembre et en octobre ? Est-ce encore vrai aujourd'hui ?

7. Quels animaux sont représentés ? Quelle est leur utilité ?

8. Une seule image ne représente pas un ou des paysans au travail ; laquelle ?

CEUX QUI PRIENT, CEUX QUI COMBATTENT, CEUX QUI TRAVAILLENT

Dieu ordonne aux clercs[1] d'enseigner la vraie foi et de plonger ceux qu'ils ont instruits dans l'eau du baptême.
Les nobles sont les protecteurs des églises, les défenseurs du peuple, des grands comme des petits. Les serfs fournissent tout à tout le monde argent, vêtement, nourriture. La maison de Dieu, que l'on croit une, est donc divisée en trois : les uns prient, les autres combattent, les autres enfin travaillent. Ces trois ordres sont indispensables l'un à l'autre : l'activité de l'un d'eux permet aux autres de vivre.

Adalbéron de Laon, évêque, *Poème au roi Robert*, 1025-1027.

[1] Les membres du clergé.

Doc. 1

1. Quel est le rôle des clercs et des nobles ?

2. Pour qui travaillent les serfs ?

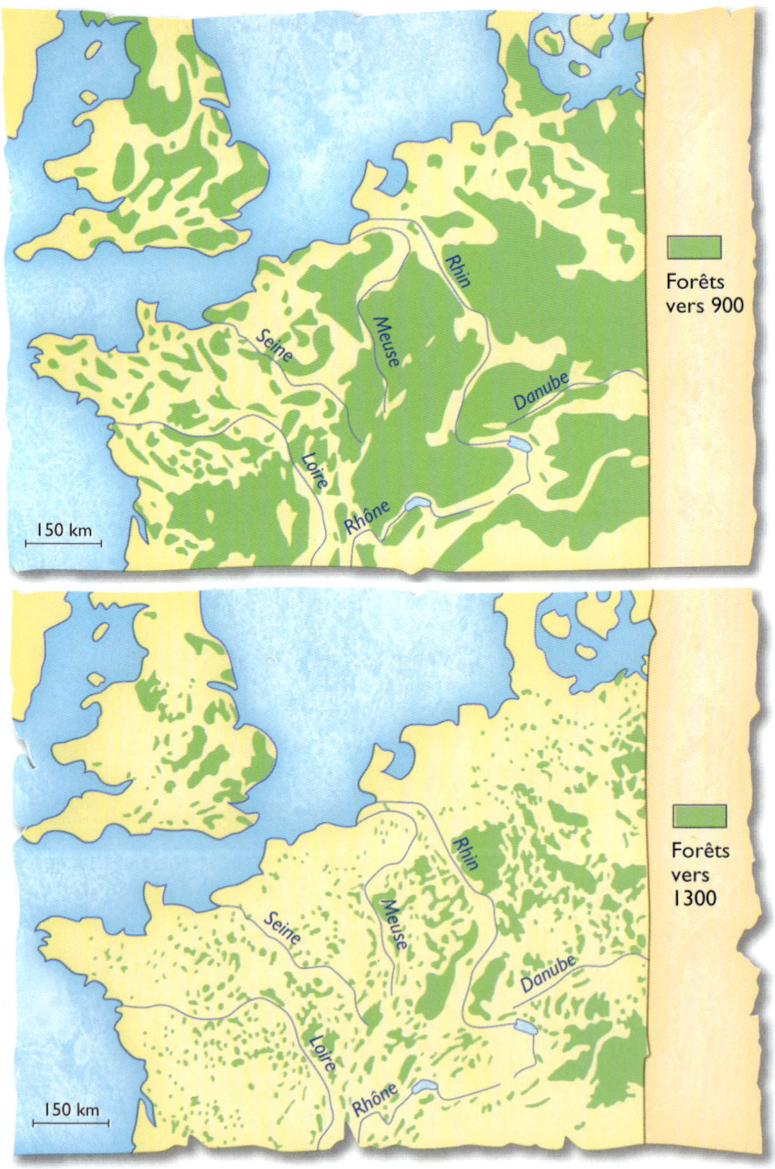

Doc. 2
Les défrichements, du XIe au XIIIe siècle.

Doc. 3
Des moines défricheurs (manuscrit du XIIe siècle).

3. En quoi consiste le travail de défrichement (Doc. 2 et 3) *?*

4. Est-ce un travail pénible (Doc. 3) *? Qui l'effectue* (Doc. 3) *?*

5. Observe les deux cartes (Doc. 2) *: où les défrichements ont-ils été les plus importants ?*

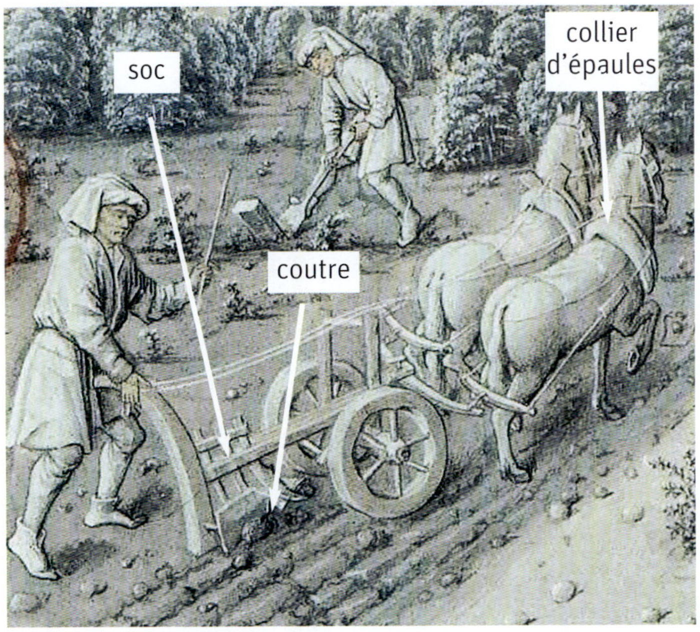

Doc. 4 Le travail de la terre : la charrue et le collier d'épaules (enluminure du XVe siècle).
À partir du XIe siècle, on utilise la charrue qui permet de labourer la terre plus en profondeur et le collier d'épaules pour atteler les chevaux, ce qui leur donne plus de force.

6. Que font les paysans ?

7. Quels progrès la charrue apporte-t-elle ?

UN JEUNE PAYSAN RÉPOND À SON PÈRE

LE PÈRE : Ta mère sait préparer une excellente bouillie ; que ta bouche s'en régale plutôt que d'agir malhonnêtement afin de manger de la volaille. Mets de l'avoine dans ton seigle plutôt que de manger du poisson pêché sans autorisation.
LE FILS : Bois de l'eau, moi je boirai du vin. Si tu manges de la bouillie de farine, j'aurai du bouillon de poule autant que j'en voudrai. Je veux jusqu'à ma mort manger du pain blanc et non du mauvais pain noir comme toi.

Le Fermier de Helmbrecht, récit villageois anonyme, XIIIe siècle.

Doc. 5

8. Qu'est-ce que le fils voudrait manger et boire ? Pourquoi ?

Doc. 6 Bourgeois et boutiques dans une ville (miniature du XVe siècle).
Boutiques d'un bottier, d'un drapier et d'un orfèvre.

9. Que vendent les marchands représentés sur le **Doc. 6** *?*

10. Décris les boutiques des marchands.

Le paysage de nos campagnes

Lardonnois, France.

Les 30 000 villages de France sont, dans leur immense majorité, nés au Moyen Âge. Ils sont le résultat des défrichements des forêts par les paysans, les moines et les seigneurs.

Le mot pain

Depuis le Moyen Âge, le pain constitue un élément de base de l'alimentation. On le retrouve aujourd'hui dans de nombreux mots et expressions :

- Un compagnon, celui avec qui l'on partage son pain.
- Gagner son pain à la sueur de son front.
- Manger son pain noir avant son pain blanc.

Des maisons d'autrefois

La palissade protège la basse-cour, les volailles et le jardin potager des animaux sauvages (renards, sangliers, lièvres, loups, parfois même les ours dans les Pyrénées).

Reconstitution d'une maison paysanne du XIe siècle à Charavines, Isère.

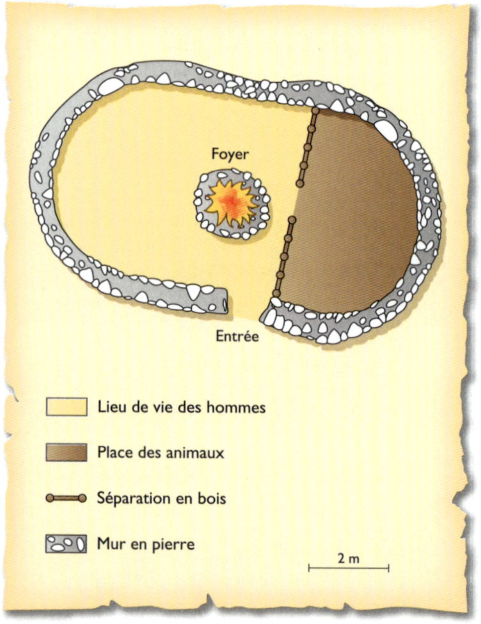

Plan d'une maison du XIIe siècle à Pen-er-Malo, Morbihan.

Le moulin à vent

Né aux XIe-XIIe siècles, le moulin à vent est utilisé pour moudre les grains (blé, avoine, orge, seigle) et en faire de la farine. Les céréales peuvent ensuite être consommées sous forme de bouillie ou de pain.

Les beffrois des villes du Nord

Le beffroi est le symbole de l'indépendance des habitants de la ville par rapport au seigneur.

Des mots du Moyen Âge

✦ Vilain : paysan. Le mot a pris peu à peu un sens péjoratif.
✦ Jacques : paysan. Ce mot est utilisé dans l'expression « faire le jacques » (mal se comporter), allusion aux paysans en révolte à la fin du Moyen Âge.
✦ Bourgeois : habitant du bourg (de la ville).
✦ Banlieue : le lieu où s'exerce le ban, c'est-à-dire le pouvoir du seigneur.

Lexique

Beffroi : tour de guet élevée dans l'enceinte d'une ville.

Bourgeois : au Moyen Âge, habitant d'une ville (ou « bourg ») qui y possède au moins une maison ou un atelier.

Commune : association d'habitants d'une ville, unis pour obtenir du seigneur des pouvoirs et des libertés.

Serf : paysan non libre. Il cultive une terre qu'il ne peut quitter sans l'avis de son seigneur.

CARNET DE ROUTE

La société

La société du Moyen Âge comprend **des hommes d'Église** (le clergé), **des combattants** (les nobles, les seigneurs, les chevaliers), **des travailleurs** (des artisans, des commerçants et des paysans). Les paysans qui ne sont pas des hommes libres sont appelés **serfs**.

La vie des paysans

Les paysans, aussi appelés « vilains », vivent dans **des villages serrés autour de leur église** et proches de la maison du seigneur. Le foyer éclaire et chauffe tant bien que mal l'unique pièce dont le sol est en terre battue. La famille dort avec les animaux qui apportent leur chaleur.

L'essentiel de la nourriture est composé de bouillies de céréales, de pain noir à base de seigle et de soupes de pois, fèves ou choux. **Le pain blanc**, à base de farine de blé (le froment), est rare et cher ainsi que la viande.

Les progrès dans les campagnes

À partir de l'an 1000 de nouveaux outils, comme la charrue ou la herse, améliorent les cultures. De nouvelles terres cultivées sont conquises sur les forêts et les marais ; les moines jouent un rôle essentiel dans ce **vaste mouvement de défrichement**. La production agricole augmente : les paysans vivent mieux. Ces progrès permettent également de nourrir les habitants des villes qui sont de plus en plus nombreux.

L'essor des villes

Dans les villes entourées de murailles qui les protègent en cas de guerre vivent des **bourgeois**, marchands ou artisans, enrichis par le grand commerce. Regroupés en **communes**, ils obtiennent, à partir de la fin du XIe siècle, **des libertés communales qui leur garantissent une certaine indépendance** vis-à-vis du seigneur. Les **beffrois**, sur la grand-place, en sont le symbole.

POURQUOI A-T-ON CONSTRUIT

Les seigneurs ont d'abord construit des châteaux forts en bois, pour protéger leurs paysans et se protéger eux-mêmes des invasions (Vikings, Sarrasins et Hongrois). Par la suite, ils ont construit des châteaux en pierre pour affirmer leur puissance.

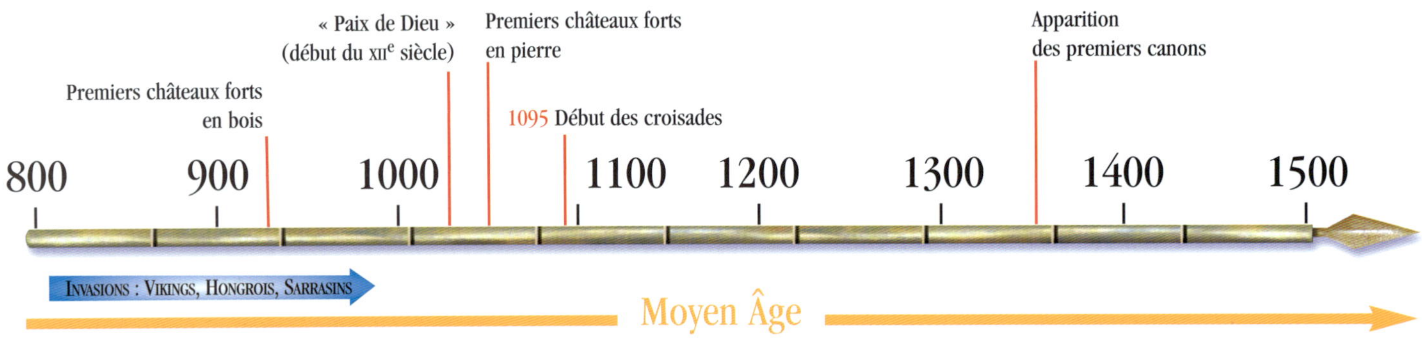

1. Où pouvaient se réfugier les paysans des alentours ?

2. Où vivait le seigneur ?

Doc. 1 Les premiers châteaux forts : l'exemple de Gisors.
Les premiers châteaux forts sont construits en bois : une palissade et un fossé entourent une vaste cour. En son centre, sur une motte de terre, se dresse le donjon : c'est la demeure du seigneur. À Gisors, les constructions de bois ont été remplacées par la suite par des murs de pierre.

DES CHÂTEAUX FORTS ?

LES PAYSANS MENACÉS

Un seigneur du nom d'Ambland entra en conflit avec ses voisins. Des deux côtés, les chevaliers se sautaient dessus et détruisaient par le fer et par le feu les maisons et les provisions des paysans. Les paysans craignaient l'incendie de leur chaumière. Ils avaient éteint leurs foyers afin que ceux qui pillaient leurs cabanes ne puissent trouver de braises pour mettre le feu.

D'après un récit du XIe siècle.

Doc. 2

3. Pourquoi cette guerre entre seigneurs est-elle un désastre pour les paysans ?

4. Quelle protection un château peut-il leur donner **(Doc. 1)** *?*

Doc. 3 **Le seigneur confie une terre à son vassal (manuscrit, fin XIIe siècle).** En échange le vassal jure de lui obéir et de lui venir en aide : pour cela, il lui prête hommage.

5. Où est le seigneur ? Par quel geste confie-t-il une terre à son vassal ?

6. Par quel geste le vassal rend-il hommage à son seigneur ?

Doc. 4 **Un château fort du XIIe siècle : le krak des chevaliers (Syrie).**

7. Cite deux différences entre ce château **(Doc. 4)** *et celui représenté au* **Doc. 1.**

8. Lequel te semble le plus efficace ? Pourquoi ?

Doc. 1 L'adoubement d'un chevalier (miniature du *Roman de Troie*, fin XIIIe–début XIVe siècle).
Pour devenir un chevalier et pouvoir combattre, il faut être adoubé.

1. Décris les armes du chevalier qui est adoubé.

2. Montre, en observant les Doc. 2 et 3, que le tournoi et la chasse sont des entraînements au combat.

3. Comment les combattants se protègent-ils des coups* (Doc.2) *?

Doc. 2 et 3 Tournoi et chasse au faucon (miniatures, fin XIIIe siècle).
Les tournois sont des affrontements entre chevaliers ; chacun cherche à faire prisonnier l'adversaire afin de réclamer une rançon.

L'ÉGLISE IMPOSE LA PAIX DE DIEU

Je n'envahirai aucune église. Je n'attaquerai pas le clerc et le moine s'ils ne portent pas les armes. Je ne prendrai pas leur cheval. Je ne saisirai pas le paysan, ni la paysanne, ni les juges ou les marchands. Je ne prendrai pas leur argent. Du début du Carême jusqu'à Pâques, je n'attaquerai pas le chevalier qui ne porte pas d'armes.

Serment imposé aux chevaliers par l'évêque de Beauvais, vers 1023.

Doc. 4

4. Qui est protégé par ce serment ?

5. Qui impose ce serment ?

Doc. 5 Un chevalier croisé combat un Sarrasin (*Psautier* de Lutrell, XIVe siècle).

6. Ce combat est-il interdit par la « paix de Dieu » ?

7. À quelle occasion un tel combat peut-il se produire ?

8. Quelles armes permettent aux combattants d'attaquer ? Quelles armes leur permettent de se défendre ?

Doc. 6 Le siège d'un château fort au XVe siècle (miniature du XVe siècle).

9. Quelle arme nouvelle apparaît ici ?

10. Quelles sont les conséquences pour les murailles des châteaux forts ?

Les restes du château de Quéribus

Au Moyen Âge, la France était couverte de châteaux forts de toutes tailles. Aujourd'hui le pays garde encore la trace de ce passé, surtout dans les régions du centre et du sud qui n'ont pas été dévastées par les guerres du XXe siècle.

Le château, à l'origine de la ville

Le château du seigneur est parfois construit à l'emplacement d'un fort romain ou d'une place forte gauloise. Il a pu être le noyau autour duquel s'est construite la ville au Moyen Âge. Aujourd'hui, le plan de cette ville et de son château reste parfois bien visible.

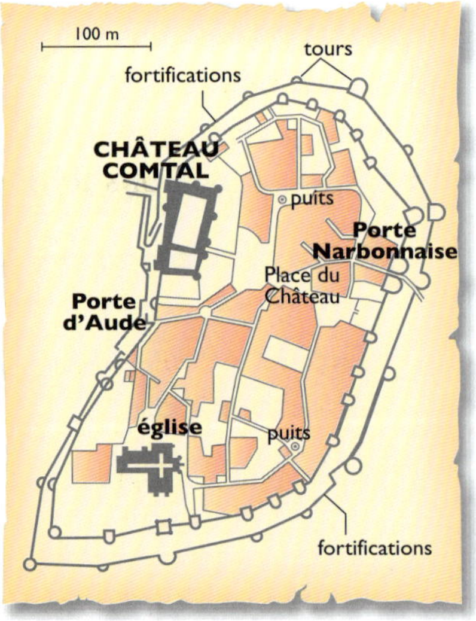

Plan de la cité de Carcassonne.

La courtoisie

Le comportement des hommes vis-à-vis des dames (les laisser passer les premières, se découvrir devant elles) nous vient de l'idéal courtois et de l'attitude des chevaliers du Moyen Âge.

« Aie soin de saluer le premier les gens. Je ne tiens pas pour un homme courtois celui qui nomme les choses sales et laides. Sers et honore toutes les femmes ; peine et travaille à les servir. Et si tu entends quelque médisant qui aille méprisant les femmes, blâme-le et dis-lui de se taire. Fais, si tu peux, chose qui plaise aux dames et aux demoiselles, de sorte qu'elles entendent à ton sujet dire du bien et en raconter. »

Guillaume de Lorris, *Le roman de la Rose*, XIIe siècle.

D'où viennent les ogres ?

Les Hongrois envahissent l'Europe au IXe siècle et terrifient les populations. De leur nom, est né le mot ogre. Ce personnage apparaît ensuite dans de nombreux contes.

Lexique

Adoubement : remise au chevalier, par son parrain, des armes et des éperons qui lui sont nécessaires.

Donjon : partie centrale du château fort qui contient la demeure du seigneur. C'est aussi la dernière défense lors d'un siège.

Droits seigneuriaux : taxes en argent ou en nature (blé, volailles, bétail) que les paysans doivent payer au seigneur en échange de sa protection.

Trêve : au cours d'une guerre, période durant laquelle des combattants cessent de se battre.

CARNET DE ROUTE

Les premiers châteaux

Les premiers châteaux étaient des « mottes » fortifiées construites, à partir du Xe siècle, sur une hauteur naturelle ou artificielle. La vaste cour, entourée d'une palissade, servait de refuge aux populations menacées par les invasions des Vikings, Hongrois et Sarrasins.

Ces châteaux sont ensuite devenus les demeures des seigneurs qui protègent les paysans, en échange du paiement des **droits seigneuriaux**.

Chevaliers et vassaux

Ceux qui savent combattre, le plus souvent à cheval, portent le nom de « chevaliers ». Ce sont les hommes d'armes des seigneurs. Pour devenir un chevalier, une cérémonie est nécessaire, l'**adoubement**.

Le seigneur a des vassaux. Comme la monnaie est rare, il paye leur attachement à sa personne en leur confiant une terre. Cette terre porte le nom de fief ; c'est de là que vient le mot « féodalité ».

Les guerres entre seigneurs sont fréquentes. Pour éviter que les non-combattants en soient constamment les victimes, **l'Église impose la « paix de Dieu »** et la « **trêve** de Dieu ». Puis elle dirige les chevaliers qui veulent se battre vers des expéditions lointaines, les croisades.

L'évolution du château et des combats

À partir du XIIe siècle, la construction des châteaux forts connaît de grands progrès : **on les construit en pierre**, les tours sont rondes, les plans des murailles et des **donjons** sont plus compliqués.

Au XIVe siècle, l'artillerie permet d'affaiblir les murailles, leur protection est moins efficace. À la fin du Moyen Âge, il faudra trouver d'autres formes de protection que les hauts murs.

POURQUOI A-T-ON CONSTRUIT

Après l'an mille, avec la fin des invasions, les hommes en Occident reprennent confiance. La construction de centaines d'églises, de monastères et de dizaines de cathédrales témoigne de la foi chrétienne de l'Occident.

« UN BLANC MANTEAU D'ÉGLISES »

Aux environs de la troisième année après l'an mille, surtout en Italie et en Gaule, on reconstruisit les églises. La plupart étaient pourtant en bon état mais les chrétiens rivalisaient pour en avoir de plus belles les unes que les autres. Il semblait que la terre se débarrassait de ses vieux vêtements et revêtait çà et là un blanc manteau d'églises.

Raoul Glaber, moine auteur d'*Histoires au début du XIe siècle*.

Doc. 2

3. Pourquoi reconstruit-on les églises ?

4. Quand ce phénomène a-t-il commencé ?

5. Qui construit les églises ?

Doc. 1 Principales cathédrales, principaux monastères.

1. Dans quelle région de France y a-t-il le plus de cathédrales ?

2. Dans quelles régions observes-tu le plus de monastères ?

Doc. 3 Une cathédrale en chantier (manuscrit, 1400).

6. Quels métiers reconnais-tu sur ce chantier ?

7. Que font les personnages en haut à gauche ?

DES ÉGLISES ?

Doc. 4 L'église Notre-Dame-la-Grande à Poitiers.

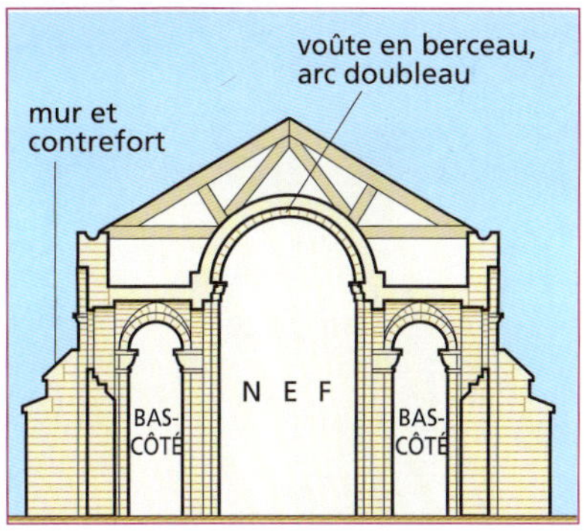

Doc. 5 Coupe d'une église romane.

8. Quels sont les points communs entre les deux églises (Doc. 4 et 7) *? Quelles sont leurs différences ?*

9. Qu'est-ce qui permet de construire les églises gothiques plus hautes que les églises romanes (Doc. 5 et 6) *?*

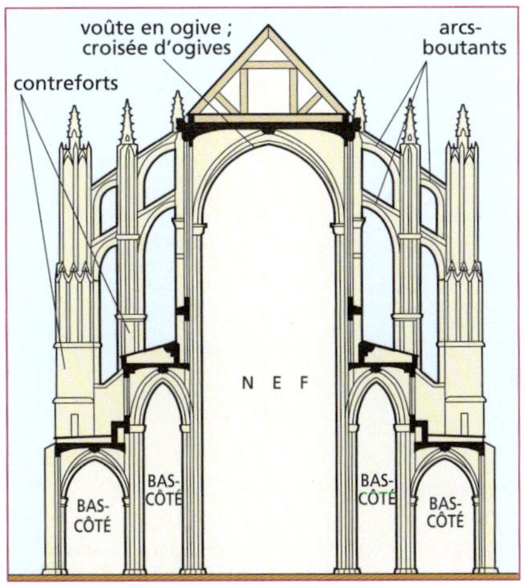

Doc. 6 Coupe d'une église gothique.

Doc. 7 La cathédrale Notre-Dame de Reims (XIIIe et XVe siècles).
C'est dans cette cathédrale que les rois de France ont été sacrés jusqu'en 1825.

Doc. 1 Une salle de l'Hôtel-Dieu de Paris (manuscrit du XVe siècle).

1. Qui soigne les malades ?

2. Comment sont installés les malades ?

Doc. 3 Saint Jacques dans l'habit du pèlerin, sculpture, fin XVe siècle.

5. Décris l'équipement du pèlerin. Que vois-tu sur son chapeau ?

Doc. 2 Les itinéraires suivis par les pèlerins se rendant à Saint-Jacques-de-Compostelle.

3. Où est situé Saint-Jacques-de-Compostelle ?

4. Quels sont les points de départ des chemins de Saint-Jacques ?

Doc. 4 **Un monastère : Fontfroide, dans l'Aude.**

Fresque du XIVe siècle.

LA VIE DES MOINES

Le monastère sera construit de telle façon que tout le nécessaire, à savoir l'eau, le moulin, le jardin, soit à l'intérieur du monastère. Que les moines s'occupent eux-mêmes des récoltes car ils sont vraiment moines quand ils vivent du travail de leurs mains, comme les apôtres.
Comme le dit le prophète, sept fois le jour j'ai dit ta louange. Nous satisferons à ce chiffre sacré de sept si, à laudes, prime, tierce, sexte, none, vêpres et complies[1] nous prions Dieu. Offrons donc des louanges à notre créateur à ces heures-là et, la nuit, levons-nous pour le célébrer.

D'après la règle de saint Benoît de Nursie, VIe siècle.

1. Heures des différentes prières de la journée et de la nuit.

Doc. 5

6. *Pourquoi les moines doivent-ils vivre du travail de leurs mains* (Doc. 4 et 5) *?*

7. *Que doivent faire les moines sept fois par vingt-quatre heures* (Doc. 5) *?*

8. *Repère sur le* Doc. 4 *l'église et le dortoir. Pourquoi doivent-ils communiquer* (Doc. 5) *?*

9. *Observe les moines. Que tient l'un d'entre eux dans ses mains ? Qu'en déduis-tu ?*

Manuscrit du XIIe siècle.

Moine dans un *scriptorium*

Grâce aux moines, les textes des auteurs de l'Antiquité sont parvenus jusqu'à nous. Pendant tout le Moyen Âge, ils ont recopié et sauvegardé les manuscrits antiques. Le *scriptorium*, mot latin signifiant « la pièce où l'on écrit », est en général la seule pièce chauffée du monastère car, en hiver, l'encre ne doit pas geler dans les encriers.

Le baccalauréat et les écoliers

Le baccalauréat est un diplôme créé au Moyen Âge : c'est le premier diplôme de l'université. L'étudiant est appelé *escholier* ; de là vient le mot écolier. Après avoir obtenu son baccalauréat, l'escholier peut passer une licence, puis un doctorat.

L'organisation du clergé

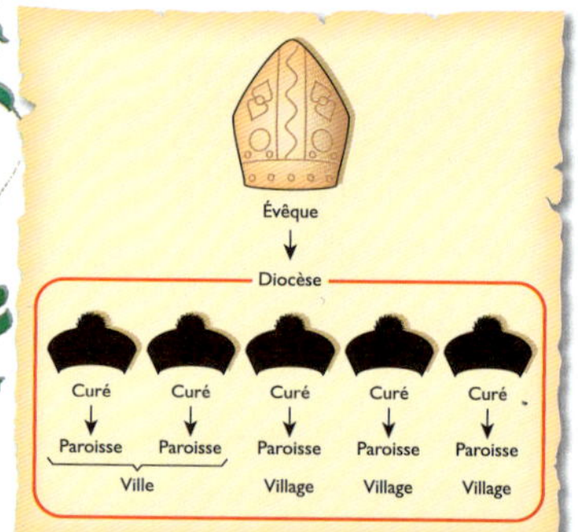

L'Église catholique a hérité de l'organisation du clergé, mise en place au Moyen Âge.

L'Église a fondé les premières universités en Europe

Elles existent toujours ! En France, les plus anciennes sont les universités de Paris (la Sorbonne) et de Montpellier.

Manuscrit du XIVe siècle.

La coquille Saint-Jacques

La coquille Saint-Jacques doit son nom aux pèlerins qui, de retour de Saint-Jacques-de-Compostelle, rapportaient ce coquillage ramassé sur la plage afin de prouver qu'ils s'étaient bien rendus jusqu'au tombeau du saint.

Des noms de villes

Beaucoup de noms de villes proviennent de noms d'abbayes dédiées à un saint :

- Saint-Gilles-du-Gard (Gard)
- Saint-Amand (Nord)
- Saint-Denis (Seine-Saint-Denis)
- Saint-Benoît-sur-Loire (Loiret)
- Saint-Dié (Vosges)
- Saint-Émilion (Gironde)
- Saint-Malo (Ille-et-Vilaine)

Lexique

Cathédrale : église qui abrite la cathèdre, le siège de l'évêque. C'est donc l'église de l'évêque. Il y en a une par diocèse.

Dîme : redevance établie au temps de Charlemagne, versée par les paysans à l'Église. Elle correspond à dix pour cent (un dixième) de la récolte.

Moines : membres du clergé qui vivent dans un monastère et doivent respecter une règle de vie. La règle la plus généralement appliquée est la règle de saint Benoît.

CARNET DE ROUTE

Les manifestations de la foi

Dès l'apparition du christianisme, **les chrétiens se sont rassemblés dans des bâtiments appelés églises**. À partir du début du XIe siècle, dans un grand élan d'enthousiasme religieux, ils construisent de nouvelles églises, des monastères et des **cathédrales** de style roman et gothiques.

Les raisons pour lesquelles un aussi grand nombre d'églises est construit sont multiples :
– la foi des chrétiens,
– l'enrichissement de l'Occident et sa prospérité,
– la puissance et la richesse du clergé.

Beaucoup de chrétiens font des pèlerinages : ils se rendent à Saint-Jacques-de-Compostelle en Espagne, là où serait arrivé l'un des apôtres ; à Rome en Italie, ville où est mort saint Pierre ; à Jérusalem, là où a vécu le Christ.

L'organisation du clergé

Les membres du clergé sont appelés des clercs. Le clergé comprend des religieux, les **moines**, qui vivent dans des monastères (ou abbayes), et des curés qui ont la charge des chrétiens des villes et des villages regroupés en paroisses. **L'évêque est placé à la tête du diocèse** qui comprend plusieurs paroisses.

Le rôle du clergé

Les clercs ne se contentent pas de prier et d'appliquer les règles de la religion.

Il existe aussi :
– **des religieuses qui soignent les malades et les vieillards** dans des hôpitaux et des hospices ;
– **des clercs qui enseignent** dans des universités créées par le clergé.

Pour vivre et financer ces dépenses de santé et d'éducation, le clergé perçoit la **dîme**.

J'ÉTUDIE UN REPAS PAYSAN

Le repas est à base de soupe, de fromage et de pain. Un paysan consomme en moyenne 550 g de pain par jour.
Les jours de fête, le repas peut être agrémenté de plats en sauce, de ragoûts ou de pâtés.
Les assiettes ne sont pas encore utilisées. La soupe est servie dans une écuelle.
Les légumes qui forment la base des soupes sont de trois sortes : les racines (navets, salsifis), les féculents (pois, lentilles, fèves), les légumes verts (choux, poireaux, épinards).
Les céréales (blé, froment, seigle) sont présentes à chaque repas sous forme de pain.

Les bonnes soupes du monastère, du Frère Victor-Antoine D'Avila Latourette, les Éditions de l'Homme, 1997.

J'ÉTUDIE UN REPAS CHEZ UN SEIGNEUR

Au Moyen Âge, il n'y a pas de « salle à manger », la pièce principale de la demeure sert de salle de banquet. La table se compose d'une planche et de tréteaux que l'on dresse à l'occasion de chaque banquet, d'où l'expression « dresser la table ». On recouvre celle-ci d'une nappe.
Les convives prennent place sur des bancs en fonction de leur rang et ne s'assoient que sur un seul côté de la table.
À la place d'honneur (celle du seigneur), le banc est remplacé par une cathèdre.
Les repas de fête se composent de trois à cinq services ou assiettes, composés de plusieurs plats.

- 1er service : fruits et mets de saison.
- 2e service : plats en sauce, potages ou pièces de gibier rôties, volaille, ou poisson.
- 3e service : confiseries, gâteaux, fruits secs.
- 4e service : gaufres.

un banquet médiéval

Blanc-Manger

Préparation 1 h
Quelques heures à l'avance

500 g d'amandes douces
30 g d'amandes amères
5 dl d'eau
75 g de gélatine
350 g de sucre
1 cuill. d'eau de fleur d'oranger

Monder les amandes, les piler en ajoutant l'eau peu à peu.
Mettre le mélange dans un linge fort et le tordre au-dessus d'un saladier pour recueillir le lait d'amandes.
Ajouter la gélatine dissoute dans un verre d'eau tiède, le sucre. Parfumer.
Placer au frais. Pour démouler, tremper une demi-minute dans l'eau tiède et renverser sur un compotier.

Chaque convive a son couteau qu'il porte à sa ceinture. « L'écuyer-tranchant » propose la viande aux invités. Il la pose sur un « tranchoir » ou une grosse tranche de pain en partie rassi. Les mets se dégustent avec les doigts. La fourchette n'apparaît qu'à la Renaissance. Les objets de la table (cuillères, gobelets...) sont à partager avec son voisin.
Le service des plats est entrecoupé de musique, de danse et de chant.

J'ORGANISE UN BANQUET MÉDIÉVAL

Au mois de juin de l'an 1065, le seigneur Raoul de Tillières vient de remporter la victoire.
À toi de préparer le menu du banquet.
Le repas se compose de trois services.

- Les serviteurs en charge du premier service préparent des corbeilles de fruits de saison.
- Ceux du deuxième service préparent des tourtes de volaille et légumes.
- Les derniers confectionnent un blanc-manger.

Les services sont entrecoupés de musique et de jonglerie.

Je sais cuisiner, Ginette Mathiot, avec l'aimable autorisation des Éditions Albin Michel, 1990.

QUI ÉTAIT

Les Capétiens sont les rois de France qui descendent de Hugues Capet, roi à partir de 987. Grand roi capétien, Philippe Auguste règne entre 1180 et 1223. Il remporte la victoire de Bouvines en 1214.

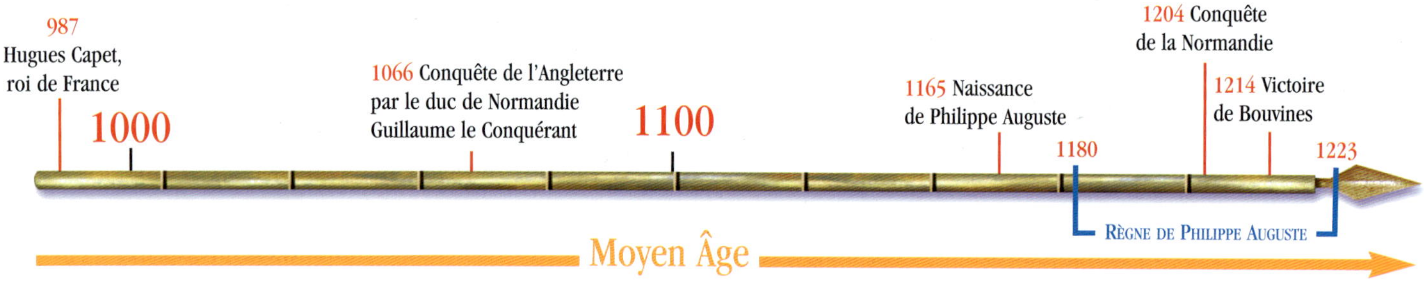

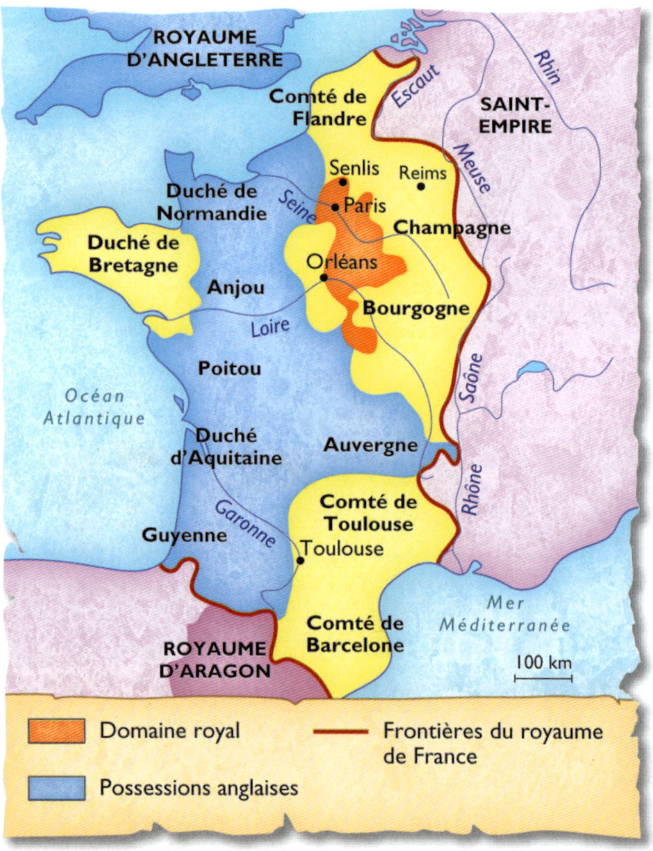

Doc. 1 Le royaume de France en 1180.

1. Repère les limites du royaume de France et celles du domaine royal.

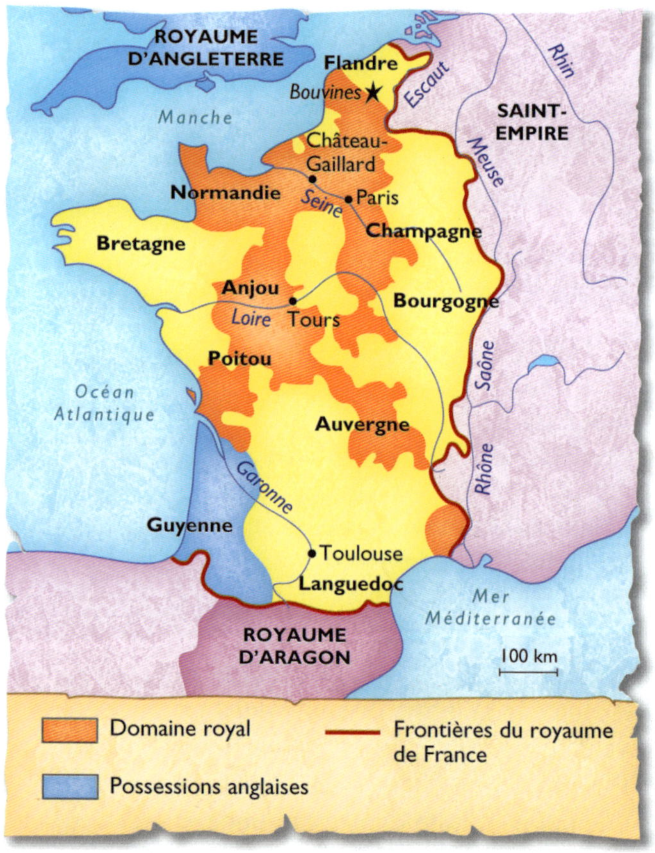

Doc. 2 Le royaume de France en 1223.

2. Où le domaine royal s'est-il agrandi ? Qu'en déduis-tu ?

Philippe Auguste ?

Doc. 3 Philippe Ier, un des premiers rois capétiens **(manuscrit du XIe siècle).**
Une des premières représentations d'un roi capétien. Philippe Ier (1060-1108) gouverne le pays avec les évêques (en haut) et les seigneurs (en bas).

3. Où est le roi (rex en latin) ?

4. Pourquoi n'a-t-il pas la même taille que les autres personnages ?

Doc. 4 Philippe Auguste **(sceau royal, 1180).**
Un sceau est un cachet de cire attaché au bas des documents officiels.

Doc. 5 Philippe Auguste sur son trône **(miniature du *Recueil des rois de France*, XVIe siècle).**

5. Combien de siècles séparent ces deux documents **(Doc. 4 et 5)** *?*

6. Quel document date de l'époque de Philippe Auguste **(Doc. 4 et 5)** *?*

7. Décris le costume du roi **(Doc. 5).**

8. Que tient-il dans la main droite **(Doc. 5)** *?*

Doc. 1 Le sacre du roi de France (Ordre de la consécration et du couronnement des rois de France, manuscrit, 1280).
L'archevêque de Reims dépose de l'huile sainte sur le front du roi ; après cette cérémonie, le roi est « sacré ».

1. *Que voit-on sur la table devant l'archevêque* **(miniature de gauche)** *?*

2. *Que fait ensuite l'archevêque ?*

3. *Où est le roi ? À quoi le reconnaît-on ?*

4. *Comment la ville est-elle défendue ?*

5. *Quels moyens utilise-t-on pour entrer dans la ville ?*

Doc. 2 Prise de Tours par Philippe Auguste en 1206 (miniature du XVe siècle).
Tours et la Touraine étaient des fiefs du roi d'Angleterre.

Doc. 3 **Philippe Auguste et le comte de Flandre, prisonnier, arrivent à Paris après la bataille de Bouvines** (miniature du XVe siècle).

LE RETOUR DE BOUVINES (27 JUILLET 1214)

Qui pourrait décrire la très grande fête que le peuple faisait au roi comme il s'en retournait après la victoire ? Les rues, les maisons, les chemins de tous les châteaux et des villes étaient couverts de fleurs et d'herbes. Des paysans interrompant leurs travaux, suspendant leur faux à leur cou, car c'était le temps de la moisson, se précipitaient en foule pour voir dans les fers ce Ferrand, comte de Flandre, dont peu de temps auparavant ils redoutaient les armes. Les paysans, les vieilles femmes et les enfants ne craignaient point de se moquer de lui. Ils disaient : « Ferrand, te voilà ferré ».

Guillaume Le Breton, *Philippide*, 1214-1224.

Doc. 4

6. Comment le roi est-il accueilli (Doc. 3 et 4) *?*

7. Qui est Ferrand (Doc. 3 et 4) *?*

8. Pourquoi se moque-t-on de lui (Doc. 3 et 4) *?*

Château-Gaillard aujourd'hui
Forteresse conquise par Philippe Auguste en 1204

La forteresse de Château-Gaillard (1196-1198) avait été construite par le roi d'Angleterre, Richard Cœur de Lion. Elle se situait à la frontière du duché de Normandie (qui appartenait au roi d'Angleterre) et du domaine du roi de France.
Lors de la conquête de la Normandie, Philippe Auguste fait assiéger le château et réussit à le prendre par surprise : des soldats français pénètrent dans l'enceinte principale en passant par le conduit des latrines. Un mois plus tard la Normandie est conquise.

Pourquoi Philippe II, roi de France, est-il appelé « Philippe Auguste » ?

Le moine Rigord mentionne pour la première fois ce surnom en 1186, quand le roi ajoute, au domaine royal, le Vermandois, comté situé au nord-est de Paris.
Le mot « auguste » peut venir :
✦ du verbe latin *augere* qui signifie augmenter (augmenter le domaine royal) ;
✦ du mois de la naissance du roi, le mois d'août, mois d'Auguste mais aussi, mois évoquant les récoltes et le moment où les greniers sont pleins ;
✦ du nom de l'empereur romain Auguste (certains historiens pensent que Philippe Auguste aurait voulu être couronné empereur du Saint-Empire).

Paris transformé par Philippe Auguste

Constructions et travaux à Paris au temps de Philippe Auguste :
✦ la construction des halles ;
✦ la construction du Petit-Pont et du Pont-au-Change ;
✦ le château du Louvre ;
✦ la construction d'une enceinte.

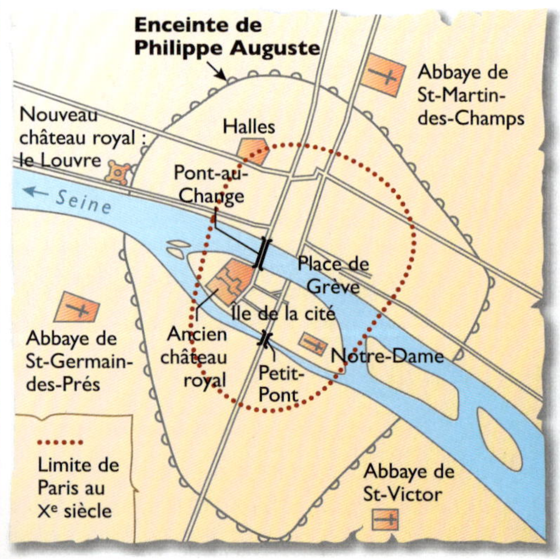

La cathédrale de Chartres, Notre-Dame de la Belle Verrière

C'est sous le règne de Philippe Auguste qu'est reconstruite l'une des plus belles cathédrales d'Europe, la cathédrale de Chartres. Elle avait été détruite par un incendie en 1194 ; elle est achevée en 1245.

Vitrail, fin XIIe siècle.

Lexique

Domaine royal : partie du royaume qui appartient personnellement au roi. Plus ce domaine est étendu, plus le roi est puissant.

Sacre : cérémonie au cours de laquelle le roi de France reçoit les signes de son pouvoir : la couronne royale, le sceptre et la main de justice. L'archevêque de Reims dépose sur différentes parties du corps du roi de l'huile sainte, ce qui donne à cette cérémonie un caractère religieux.

CARNET DE ROUTE

Naissance de la dynastie des Capétiens

Lorsque Louis V meurt en 987 sans laisser de fils, c'est la fin de la dynastie carolingienne. À cette époque, **la France est divisée en grands fiefs** : le duché de Normandie, le duché d'Aquitaine, le comté de Flandre… qui appartiennent à de grands seigneurs. Ces derniers choisissent comme roi le duc des Francs, Hugues Capet, qui donne son nom à une nouvelle dynastie : les Capétiens.

En 987, le **domaine royal** n'est pas très étendu : il est situé autour de Paris et d'Orléans. Le reste du royaume appartient aux grands seigneurs. **Les vassaux du roi sont parfois plus puissants que lui.** Mais le roi est sacré. Il tient son pouvoir de Dieu. Ses vassaux lui doivent donc obéissance.

Les successeurs d'Hugues Capet agrandissent le domaine royal.

Philippe Auguste face à ses voisins

Devenu roi en 1180 à la mort de son père, Philippe Auguste règne durant 43 ans. **Il affronte ses voisins, le roi d'Angleterre et l'empereur du Saint-Empire.**

Depuis la conquête de l'Angleterre par le duc de Normandie en 1066, le roi d'Angleterre possède en France des fiefs très étendus. Philippe Auguste réussit à en confisquer certains (comme la Normandie) et à le vaincre.

L'empereur Otton, allié du roi d'Angleterre et du comte de Flandre, envahit le royaume de France au nord ; il est **vaincu par Philippe Auguste à la bataille de Bouvines**, près de Lille, en 1214.

Un royaume de France renforcé

Philippe Auguste a agrandi le domaine royal, non seulement en Normandie mais aussi dans le Midi (Languedoc). Il a sauvé la France de l'invasion étrangère. Il a renforcé le pouvoir du roi et affaibli les grands seigneurs. À Paris, il a réalisé de grands travaux.

La cérémonie du **sacre** donne aux rois de France un prestige considérable auprès du peuple.

Qui était

Louis IX, roi de France de la dynastie des Capétiens, a régné de 1226 à 1270. Il a rétabli la paix et la justice dans son royaume. L'Église l'a proclamé saint en 1297.

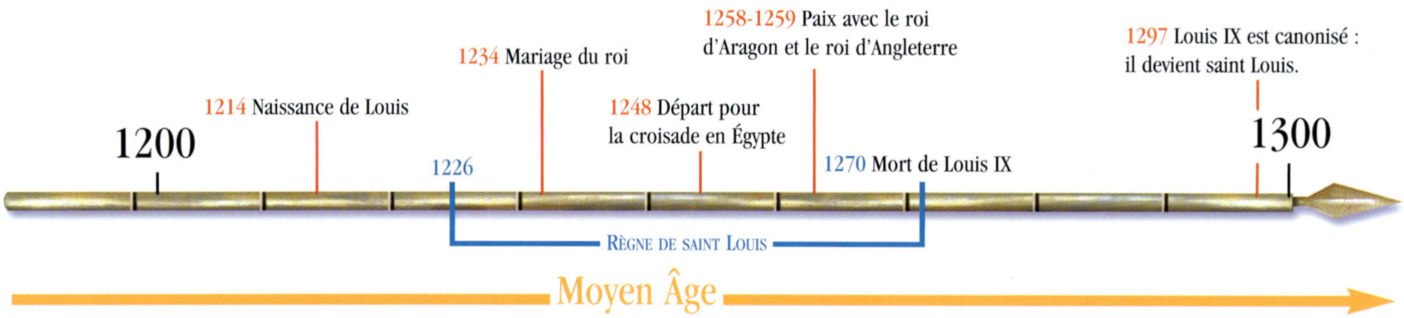

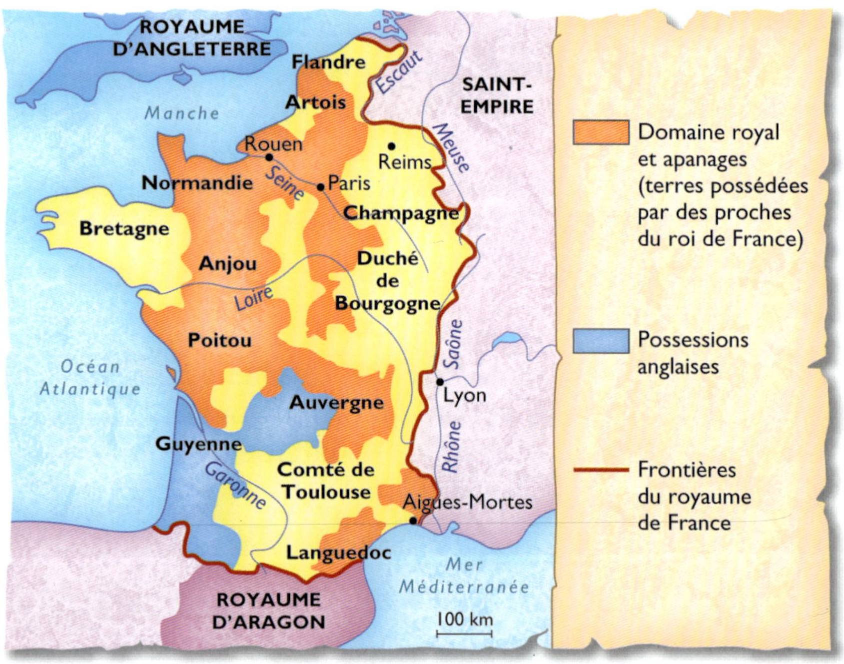

Doc. 1 Le royaume de France en 1270.

1. Quel roi étranger possède des terres dans le royaume de France ?

SAINT LOUIS REND LA JUSTICE

Souvent il arrivait qu'en été il allait s'asseoir au bois de Vincennes. Après la messe, il s'adossait à un chêne et nous faisait asseoir autour de lui. Et tous ceux qui avaient des affaires à juger pouvaient venir lui parler. Et il disait : « On vous rendra justice, l'un après l'autre ». Et quand il voyait quelque chose à modifier, il le faisait en personne.

D'après Joinville (1225-1317), compagnon de saint Louis et historien, auteur de *La Vie de saint Louis*, écrite de 1305 à 1309.

Doc. 2

2. Que fait saint Louis sous son chêne ?

3. Pourquoi est-ce un bon roi ?

SAINT LOUIS ?

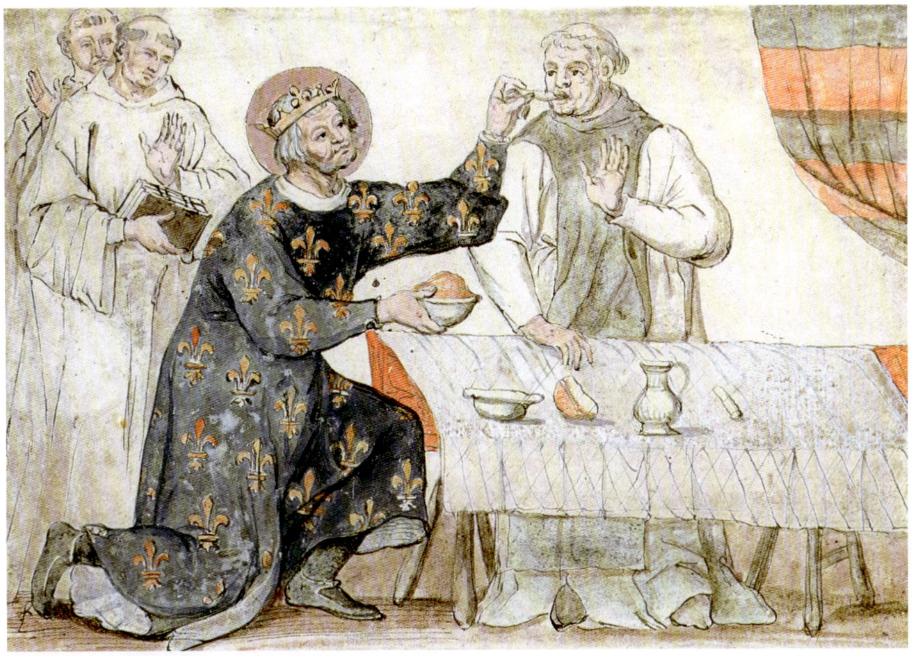

4. Qu'est-ce qu'un lépreux ?

5. Quel danger court le roi par son geste ?

6. De quand date ce dessin ?

7. Que veut montrer l'auteur de ce dessin ?

Doc. 3 **Saint Louis donne à manger à un moine lépreux** (dessin du XVIIe siècle, d'après une peinture du XIVe siècle).

Doc. 4 **Saint Louis reçoit l'hommage du roi d'Angleterre en 1259** (miniature du XIVe siècle).

8. Que s'est-il passé en 1259 ?

9. Décris le costume et l'attitude des deux rois.

Doc. 5 **Saint Louis s'embarque pour la croisade** (miniature du XVe siècle).

10. Quels symboles porte saint Louis sur son manteau ?

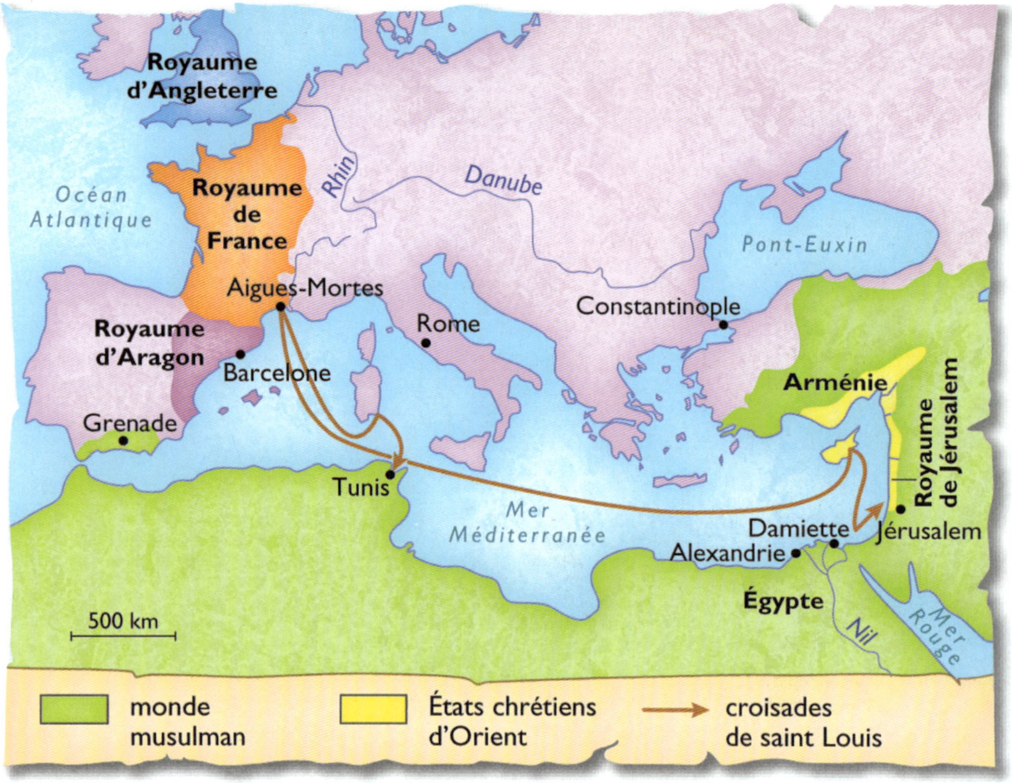

Doc. 1 **La Méditerranée au temps de saint Louis.**

1. Où saint Louis est-il parti en croisade ?

2. D'où est-il parti ?

3. Repère Damiette sur la carte **(Doc. 1).**

4. Décris l'armement des croisés **(Doc. 2).** *Compare-le avec celui des Sarrasins.*

5. Que fait le personnage en haut des murailles de la ville ?

Doc. 2 **La prise de Damiette par saint Louis en 1249 (miniature dans *La Vie de saint Louis* par Joinville).** Les croisés (des chevaliers) combattent sous le drapeau du royaume de France (drapeau bleu à fleurs de lys).

6. Où est saint Louis ?

7. Que font les deux personnages qui sont derrière lui ? Pourquoi ?

8. Saint Louis fait-il le même geste ?

Doc. 3 Saint Louis en Terre sainte à Saint-Jean-d'Acre (miniature du XVᵉ siècle).
Saint Louis met dans des sacs les cadavres de chrétiens tués par des Sarrasins.

LA MORT DE SAINT LOUIS

Peu après la mort de son fils Jean, il dut s'aliter en raison d'une forte fièvre. Comme la maladie s'aggravait, il reçut les derniers sacrements de l'Église. Alors qu'il approchait de la mort il n'avait d'autre souci que les affaires de Dieu et le développement de la foi chrétienne. [...] Allongé sur un lit de cendres répandues en forme de croix, il rendit son dernier souffle à l'heure précise où Jésus, le fils de Dieu, mourut sur la croix.

D'après Geoffroy de Beaulieu, confesseur de saint Louis, in *Saint Louis*, Jacques Le Goff, © Gallimard, 1996.

Doc. 4

9. À quoi pense le roi au moment de sa mort ?

10. Comment est mort saint Louis ?

Doc. 5 Le roi Philippe III ramène le corps de saint Louis en France (miniature du XVᵉ siècle).

11. Où est le roi ?

12. Que font les personnages sur la droite de l'image ?

L'héritage de saint Louis

L'image de saint Louis

Dans l'esprit populaire, l'image qu'on a gardée de saint Louis est celle du roi rendant la justice sous son chêne.

Lithographie du XIXᵉ siècle.

La Sainte Chapelle

Elle a été construite pour recevoir la couronne d'épines du Christ. Elle se trouvait à Constantinople, et l'empereur latin Baudouin II la vendit à saint Louis en 1238. Aujourd'hui, elle se trouve à Notre-Dame de Paris.

Les Quinze-Vingts

Saint Louis crée à Paris un hôpital destiné à soigner 300 aveugles (15 × 20). Aujourd'hui, cet hôpital existe encore.

L'écu

Saint Louis a créé une monnaie d'or : l'écu. Elle porte ce nom car sur l'une de ses faces figure un bouclier (un écu) décoré de fleurs de lys, symbole de la monarchie française. Sur la pièce, il est écrit en latin : Louis, par la grâce de Dieu, roi des Francs. Le nom « écu » a été utilisé pour désigner la monnaie européenne avant l'euro.

Les restes de saint Louis

À sa mort, le corps de saint Louis fut disséqué, bouilli dans du vin et les chairs séparées des os. Le 22 mai 1271, ses ossements furent inhumés dans la basilique Saint-Denis. Après la canonisation de saint Louis en 1297, Philippe le Bel, son petit-fils, partagea ses ossements qu'il donna comme reliques à différentes églises. Aujourd'hui, les ossements de saint Louis sont disséminés un peu partout en France.

Miniature du XIVᵉ siècle.

Aigues-Mortes

Par deux fois, saint Louis partant pour la croisade, s'est embarqué de ce port.
Autrefois au bord de la mer, la ville est aujourd'hui à l'intérieur des terres : le port s'est ensablé.

Lexique

Canoniser : un personnage est canonisé quand le pape, après avoir ordonné une enquête, le déclare « saint » ou « sainte ».

Charité : amour de Dieu et de son prochain. Il se manifeste par des dons, des offrandes, des prières...

Croisé : après la conquête de la Terre sainte par les musulmans, combattant chrétien qui part délivrer puis défendre le tombeau du Christ à Jérusalem.

CARNET DE ROUTE

Louis IX roi de France

Fils du roi Louis VIII, mort en 1226, **Louis IX devient roi à l'âge de 12 ans**. Sa mère, Blanche de Castille, gouverne le royaume de France jusqu'à sa majorité. Après avoir rétabli l'ordre royal, il préfère négocier la paix plutôt que de l'imposer par l'épée.

En 1258, il signe un traité avec le roi d'Aragon. L'année suivante, un autre traité est accepté par le roi d'Angleterre : pour obtenir la paix, le roi de France lui a rendu plusieurs provinces.

Un roi très pieux et juste

De son vivant, Louis IX est déjà considéré comme un saint. Il cherche à imiter le Christ ; il prie beaucoup et assiste chaque jour à la messe. Il pratique la **charité** envers les pauvres et n'hésite pas à toucher les lépreux, ce qui est considéré comme un acte d'héroïsme.

Ce n'est pas un roi faible : il se sent responsable de son royaume uniquement devant Dieu. Il sait faire respecter ses droits face aux nobles en révolte ainsi que face au pape. Pour saint Louis, la justice et la paix sont liées. C'est à la fois un juge et un arbitre.

Un roi croisé

Alors qu'il était très malade, saint Louis avait fait le vœu de se faire **croisé** s'il guérissait. Une fois rétabli, **il part pour la croisade en 1248** et débarque en Égypte. Après une première victoire (la prise de Damiette), il est fait prisonnier. Libéré contre le versement d'une lourde rançon, il reste en Orient jusqu'à ce que les autres croisés prisonniers aient été libérés.

Une deuxième croisade en 1270 se termine mal : il meurt au siège de Tunis. Sa mort à la croisade en fait un véritable héros chrétien.

Il est **canonisé** en 1297.

QUI ÉTAIT

Petit-fils de saint Louis, né en 1267, Philippe IV devient roi de France à 18 ans. On l'appelle « le Bel » en raison de sa grande taille, de ses cheveux blonds et de la beauté de son visage.

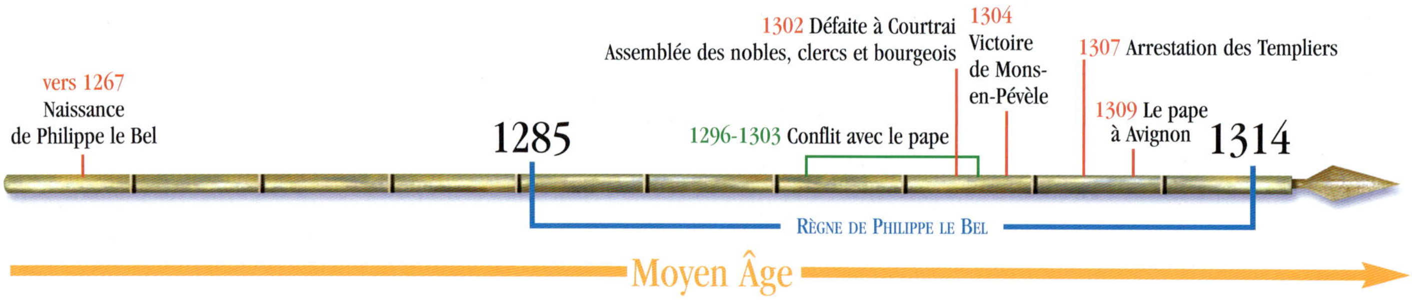

Doc. 1 La France en 1314.

1. Quelles grandes régions ne font pas partie du domaine royal ?

UNE RÉUNION DES « ÉTATS GÉNÉRAUX »

Le 1er août, Philippe le Bel, roi de France, assembla à Paris de nombreux seigneurs, évêques, abbés et surtout il fit venir de nombreux bourgeois de chaque ville du royaume. Enguerrand de Marigny, gouverneur de tout le royaume, leur parla, au nom du roi de France de la guerre de Flandre et des dépenses qu'elle avait entraînées. Alors un bourgeois de Paris se leva et parla pour les bourgeois de la ville ; il dit qu'ils étaient tous prêts à venir en aide au roi. Et après tous les bourgeois répondirent de même manière. Le roi les en remercia.

Les Grandes Chroniques de France, 1314.

Doc. 2

2. Qui Philippe le Bel assemble-t-il à Paris ?

3. Pourquoi a-t-il réuni ces personnes ?

4. Quelle décision est prise ?

Philippe le Bel ?

5. À quoi vois-tu qu'Isabelle est reine d'Angleterre ?

6. Montre que la succession de Philippe le Bel semble assurée.

Doc. 3 Philippe le Bel et ses successeurs (miniature du XIVe siècle).
Le roi montre son fils aîné Louis, roi de Navarre. À son côté, Charles de Valois, frère de Philippe le Bel. À la droite du roi, sa fille Isabelle qui a épousé le roi d'Angleterre et ses deux autres fils, Philippe et Charles.

7. Le roi est-il seul lorsqu'il rend la justice ?

8. Que font les hommes à gauche de l'image ?

9. Le roi montre le fourreau de son épée. Celui-ci est vide, pourquoi ?

10. Que fait le personnage qui tient une croix en bas de l'image ?

Doc. 4 Philippe le Bel rend la justice et condamne (miniature du XIVe siècle).

LETTRE DU PAPE À PHILIPPE LE BEL

Écoute, très cher fils, mes conseils et reçois l'avertissement de ta sainte mère l'Église.
Dieu nous a placés au dessus des rois et des royaumes, c'est pourquoi les légistes se trompent lorsqu'ils te disent que tu n'as pas de supérieur.
Tu nous troubles, tu accables tes sujets, tu opprimes le clergé, tu lèves sur lui des impôts, tu commets des fautes et tu as pris l'habitude de multiplier les péchés.

Lettre du pape Boniface VIII, 5 décembre 1301.

Doc. 1

1. Que reproche le Pape à Philippe le Bel **(Doc. 1)** *?*

2. De quoi Boniface VIII est-il accusé **(Doc. 2)** *?*

3. Qu'en penses-tu ?

RÉPONSE D'UN LÉGISTE DE PHILIPPE LE BEL

Moi, Guillaume de Plaisans, j'affirme que Boniface VIII est un hérétique ; il ne croit pas à l'immortalité de l'âme, il ne croit pas qu'il y aura une vie éternelle.
Il a dit en public qu'il préférerait être un chien ou un âne plutôt qu'être français. Il a fait placer dans des églises des statues à son image, incitant ainsi les hommes à l'adorer comme une idole.
Il pratique les sortilèges et consulte des devins.

Accusations portées par Guillaume de Plaisans, légiste de Philippe le Bel, 14 juin 1303.

Doc. 2

Doc. 3 Arrestation du pape Boniface VIII le 7 septembre 1303 (miniature du XVe siècle).
Les hommes du roi de France arrêtent le pape à Anagni, près de Rome. Quelques jours plus tard, il est libéré.
Mais, très choqué, le pape meurt le 11 octobre.

4. Où est le pape ? Décris sa tenue.

5. Décris ceux qui l'arrêtent.

6. Quelle information cet épisode nous donne-t-il sur la personnalité de Philippe le Bel ?

Doc. 4 Arrestation des Templiers ***(Grandes chroniques de France*, XIVe siècle*).***

7. Décris les Templiers.

UN TEMPLIER AVOUE (1307)

Le 13 octobre 1307, tous les Templiers de France sont arrêtés, interrogés et jugés.

Le frère Pierre de Bologne, prêtre et membre de l'ordre du Temple, âgé de 44 ans environ, déclara qu'il y a 25 ans, après avoir juré d'observer les statuts et les secrets de l'ordre du Temple, son supérieur lui montrant une croix de bois portant l'image du Crucifié lui demanda de renier celui dont on lui montrait l'image et de cracher trois fois sur la croix. Ce que fit le frère Pierre.

Extrait du procès des Templiers, 1307.

Doc. 5 Le procès des Templiers.
Les Templiers sont des moines-chevaliers qui ont pour but de défendre la Terre sainte.

8. D'après ce texte, de quoi le Templier est-il accusé ? Est-ce vraisemblable ?

POURQUOI DES TEMPLIERS ONT AVOUÉ

En 1310, devant une commission nommée par le pape, des Templiers reviennent sur leurs aveux.

La religion du Temple est pure et sans tache. Tous les frères du Temple qui ont reconnu ces mensonges ont menti. Ils ont parlé par crainte de la mort. Une partie d'entre eux n'a parlé que sous la torture ; ceux qui n'ont pas été soumis à la question (la torture), épouvantés par cette menace et voyant torturés les autres, ont raconté tout ce que voulaient les persécuteurs. Il y en a peut-être qui furent corrompus par de l'argent.

Bons et fidèles chrétiens nous réclamons les sacrements de l'Église.

Extrait du procès des Templiers, 1310.

Doc. 6

9. Pourquoi les Templiers ont-ils avoué ?

Doc. 7 Exécution des Templiers en 1310 à Paris ***(Grandes Chroniques de France*** **du XIVe siècle*).***
La plupart des Templiers a échappé à la mort. N'ont été exécutés que ceux qui étaient revenus sur leurs aveux. Une centaine de Templiers en tout ont été exécutés, dont 54 à Paris.

10. À quoi les Templiers sont-ils condamnés ?

L'impôt presque permanent

L'impôt est l'un des moyens utilisés pour financer la guerre. Avant Philippe le Bel, on considérait que le roi devait vivre uniquement des ressources de son domaine. Il pouvait faire appel à l'impôt dans des cas exceptionnels. Il était « extraordinaire ». En levant de plus en plus souvent des impôts sur ses sujets, Philippe le Bel fait du paiement de l'impôt un acte ordinaire.

La dévaluation de la monnaie

Philippe le Bel avait de gros besoins d'argent ; il a « manipulé » la monnaie. Des pièces d'or étaient frappées dans les ateliers du roi, mais la quantité d'or utilisée pour chaque pièce était plus faible qu'auparavant. Si bien que la valeur des pièces diminuait : c'est la première dévaluation.

Le Palais des Papes à Avignon

Un des successeurs de Boniface VIII, Clément V, pape de 1305 à 1314, installe la papauté à Avignon, à proximité de la frontière du royaume de France. Avignon devient, avec la construction du Palais des Papes, la ville des Papes. Ainsi, les papes ont gouverné la chrétienté depuis leur palais durant près d'un siècle. En face d'Avignon, en terre française, Philippe le Bel fait construire, de l'autre côté du Rhône, la ville fortifiée de Villeneuve-lès-Avignon afin de surveiller Avignon.

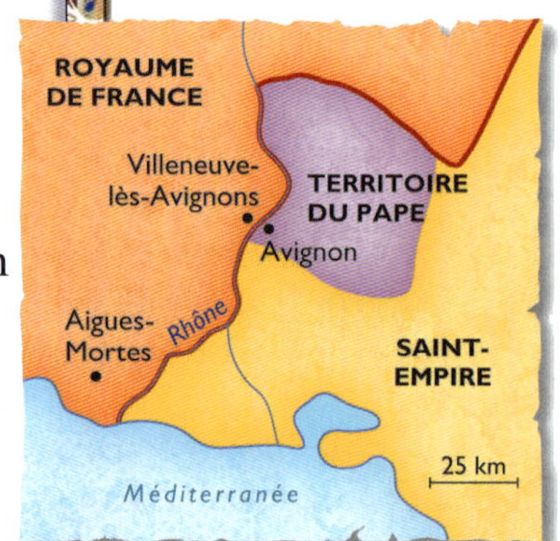

L'expression « empereur en son royaume »

Le roi de France Philippe le Bel refusait que le pouvoir du pape lui soit supérieur et qu'il commande aux évêques de France. Il refusait également que l'empereur du Saint-Empire lui soit supérieur (le titre d'empereur étant plus prestigieux que le titre de roi). À l'exception de Dieu, le roi de France ne reconnaissait aucun pouvoir au-dessus du sien. Il était entièrement souverain : il était « empereur en son royaume ».

Le mot « États généraux »

Philippe le Bel est le premier à avoir convoqué dans des circonstances graves une assemblée formée des représentants du clergé, de la noblesse et du peuple, assemblée que l'on appellera plus tard les États généraux. Aujourd'hui, les États généraux désignent des réunions de personnes qui discutent pendant plusieurs jours de questions diverses (les États généraux de la sécurité sociale…).

Lexique

États généraux : réunion des représentants des trois ordres du royaume : le clergé, la noblesse, les représentants du peuple (le Tiers État). Dans cette réunion, l'influence du clergé et de la noblesse est toujours plus grande que celle des représentants du peuple.

Légistes (du latin *lex* : la loi) **:** les légistes sont ceux qui ont étudié les lois.

Templiers : moines-soldats qui forment un ordre religieux et militaire chargé de défendre la Terre sainte contre la conquête musulmane. Leur nom vient du Temple de Jérusalem où ils se sont installés. Ils reçoivent de nombreux dons, des terres et deviennent très riches. Ils s'installent aussi en Occident, mais n'ont plus d'utilité après la perte de la Terre sainte par les croisés en 1291.

CARNET DE ROUTE

Un roi puissant…

En 1285, Philippe le Bel est à la tête du **royaume le plus puissant et le plus peuplé de toute la Chrétienté**. Pour mieux gouverner, il se fait aider des **légistes**. Ils poussent Philippe le Bel à réorganiser l'État, à s'appuyer sur des lois d'origine romaine, à mieux se faire obéir. Le roi étend l'administration royale.

… qui s'impose à ses adversaires…

Philippe le Bel réprime la révolte de la Flandre ; il est battu par les troupes des villes flamandes à Courtrai en 1302, mais il remporte en 1304 la victoire de Mons-en-Pévèle.

Il n'accepte pas que le pape Boniface VIII dirige l'Église de France et s'oppose violemment à lui. Il tente de le faire arrêter à Anagni près de Rome en septembre 1303. Épuisé par cette humiliation, le pape meurt le mois suivant.

Le 13 octobre 1307, **Philippe le Bel fait arrêter les Templiers**. Il estime qu'ils sont trop puissants et il convoite leurs richesses. Il fait condamner leurs chefs à être brûlés vifs.

… et qui a des besoins d'argent

Philippe le Bel a besoin de financer sa politique :
- **il lève de lourds impôts** ;
- il change la valeur de la monnaie : il fait frapper des pièces qui contiennent moins de métal précieux ;
- il oblige les juifs à lui verser de fortes sommes.

Mais pour faire accepter par ses sujets le paiement de l'impôt, Philippe le Bel doit réunir les **représentants du clergé, de la noblesse et des « bonnes villes » de France**. Il est le premier roi à réunir ainsi les trois ordres du royaume qui formeront ensuite les **États généraux**.

Philippe le Bel laisse une France mieux administrée et plus unifiée ; le pouvoir du roi semble maintenant très solide. Le domaine royal et le royaume sont agrandis.

À sa mort, Philippe le Bel laisse trois fils : la dynastie des capétiens semble bien installée.

Écrire à la manière de…

J'apprends à connaître les troubadours

Groupe de troubadours (illustration du XIIIe siècle).

L'art des troubadours

L'art des troubadours se développe dans le Sud de la France à partir du XIIe siècle.

Le mot troubadour désigne « celui qui trouve », celui qui sait inventer des vers et des rimes. Les textes des troubadours sont écrits dans la langue du Sud de la France, la langue d'oc ; ils sont destinés à être chantés, accompagnés de luth au cours des fêtes et des banquets.

L'amour courtois

C'est dans les textes de Guillaume IX, duc d'Aquitaine que l'on trouve les premiers éléments de « l'amour courtois ».

Pour la première fois, la femme n'est plus en position d'infériorité, il faut gagner son amour.
Celui qui pratique l'amour courtois n'a pas comme seul but de conquérir la dame qu'il aime. Il cherche aussi à élever son âme.

Les troubadours sillonnent le pays. Ils vont de château en château.
Par leurs textes, ils célèbrent la bravoure des uns et dénoncent les abus des autres.
Ce sont des poètes.

J'ÉTUDIE UN TEXTE ÉCRIT PAR LE TROUBADOUR JAUFRÉ RUDEL

« Quand les jours sont longs, en mai, j'aime le doux chant des oiseaux lointains ; et quand mon esprit s'éloigne de là, il me souvient d'un amour lointain ; je vais, plein de désir, inquiet et songeur, si bien que ni chant, ni fleur d'aubépine ne me plaisent plus que l'hiver gelé.
[…]
Triste et joyeux je repartirai si je le vois un jour, l'amour lointain.
Mais je ne sais quand je le verrai, car nos pays sont trop lointains : il y a trop de chemins et de passages, et pour cela je ne suis pas devin… »

Jaufré Rudel (1147-1149).

Jaufré Rudel écrit ce texte au cours de la deuxième croisade (1147-1149). Il est loin de sa bien-aimée, dans un pays très différent de celui qu'il a quitté. Quand il est triste, il pense à elle. Il la retrouve dans tous les éléments de la nature. Le simple chant d'un oiseau lui rappelle sa voix. Rien n'est plus pur ni plus parfait qu'elle. Il idéalise tellement son amie que l'on peut se demander s'il s'agit d'une créature réelle ou du fruit de son imagination.

J'ÉCRIS À LA MANIÈRE DE L'AMOUR COURTOIS

Le jardin de l'Amour, Liedet Loyset, xve siècle.

Imagine une situation dans laquelle tu es loin de quelqu'un que tu aimes, par exemple un voyage.

- *1re strophe :* tu évoques le paysage que tu vois de ta fenêtre.
- *2e strophe :* tu te souviens ou tu inventes les bons moments passés avec cette personne.
- *3e strophe :* tu imagines tout ce que tu lui diras quand tu la reverras.

La guerre de Cent Ans :

De 1337 à 1453 une longue guerre, appelée « guerre de Cent Ans », oppose la France à l'Angleterre. La principale question qui se pose est : le roi d'Angleterre, descendant de Philippe le Bel par sa mère Isabelle de France, peut-il être également roi de France ?

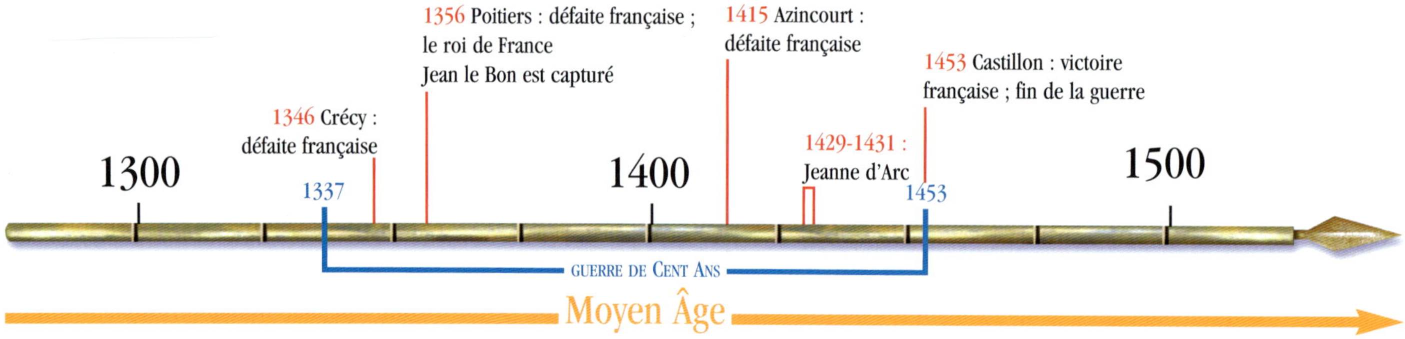

Doc. 1 La France en 1360.

1. Quelle région est conquise par les Anglais en 1360 ?

2. Qui semble vainqueur en 1360 ?

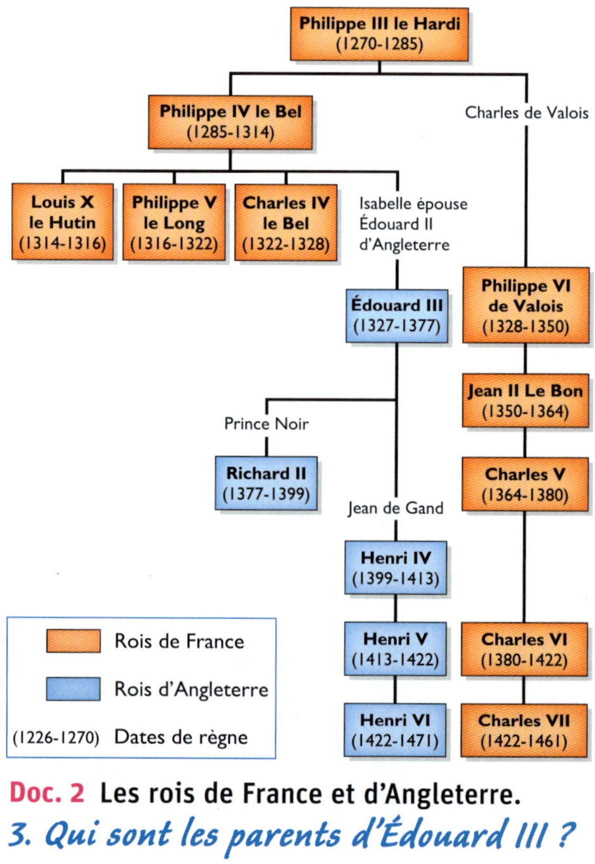

Doc. 2 Les rois de France et d'Angleterre.

3. Qui sont les parents d'Édouard III ?

4. Pourquoi les rois d'Angleterre veulent-ils être rois de France ?

POURQUOI ET COMMENT ?

Doc. 3 La bataille de Poitiers, 1356 (miniature des *Chroniques* de Froissart du XVe siècle).

5. Les Anglais sont à gauche. Décris leur drapeau et leur armement.

6. Les Français sont à droite. Décris leur drapeau et leur armement.

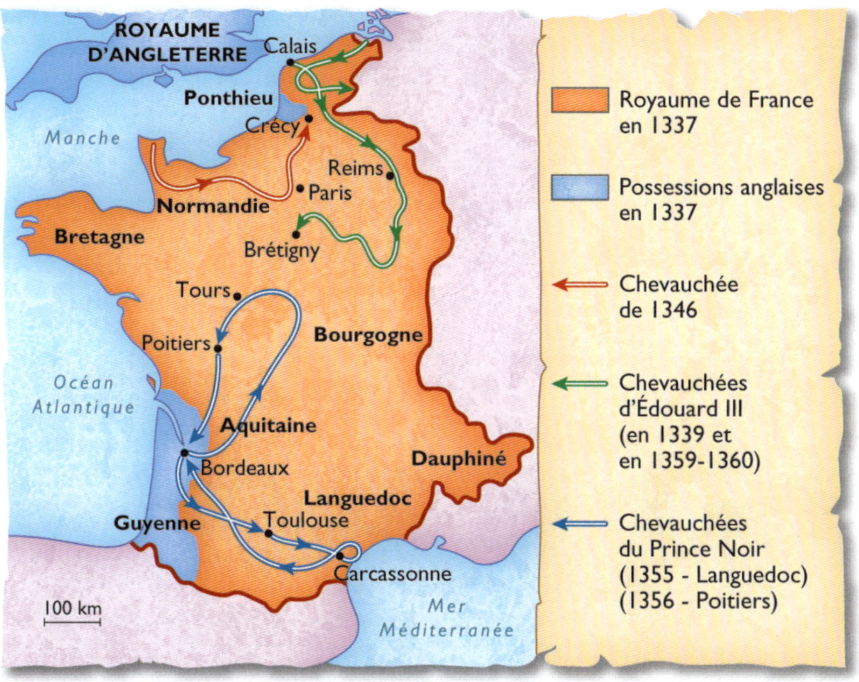

Doc. 4 Les chevauchées anglaises.
Sur leur parcours, elles pillent et détruisent les récoltes et le bétail.

7. La chevauchée revient-elle par le même chemin ? Pourquoi ?

Doc. 5 Le roi Charles V fait Du Guesclin connétable (miniature du début du XVe siècle).
Du Guesclin est un officier du roi d'origine modeste. C'est un chef de guerre habile.
En 1370, le roi de France le nomme connétable, c'est-à-dire chef des armées françaises.

8. Quelle est l'attitude de Du Guesclin **(Doc. 4)** *?*

9. Reporte-toi au **Doc. 2.** *Qui est roi d'Angleterre lorsque Charles V est roi de France ?*

LA PESTE EN FRANCE

Cette année 1348, à Paris et dans le royaume de France, comme dans les autres parties du monde et l'année suivante, il y eut une telle mortalité de gens de l'un et l'autre sexe, plutôt les jeunes que les vieux, qu'on pouvait à peine les ensevelir ; ils n'étaient malades que deux ou trois jours et mouraient rapidement, le corps presque sain ; celui qui aujourd'hui était en bonne santé, demain était mort et porté en terre. Ils avaient tout à coup des grosseurs sous les aisselles et dans l'aine, et l'apparition de ces grosseurs était un infaillible signe de mort. Cette maladie ou peste était appelée épidémie par les médecins. Il y eut, durant ces deux années, un nombre de victimes tel qu'on ne l'avait jamais entendu dire, ni vu, ni lu dans le temps passé.

Jean de Venette, *Chronique latine*, 1340-1368, Armand Colin.

Doc. 1 La peste noire.
À partir de 1347 et jusqu'en 1351, une terrible épidémie de peste s'abat sur l'Europe. Elle vient d'Asie et frappe un Européen sur trois.

Doc. 2 Des moines victimes de la peste en 1348 **(enluminure du XIVe siècle).**

1. Comment se manifeste la maladie **(Doc. 1 et 2)** *?*

2. Pourquoi cette épidémie est-elle si terrible **(Doc. 1)** *?*

Doc. 3 Les bourgeois de Calais, 1347
(*Chronique de Saint Alban* du XVe siècle).
Le 4 août 1347, après une résistance de 11 mois, six bourgeois de Calais remettent les clefs de la ville au roi d'Angleterre, Edouard III. Calais reste anglaise jusqu'en 1558.

3. Décris la scène : lieu, attitude et vêtements des personnages.

4. Qu'est-ce qui montre que le roi d'Angleterre a tout pouvoir sur les bourgeois de Calais ?

LA RÉVOLTE DES JACQUES

En Beauvaisis, en Amiénois, en Brie, en Île-de-France, les gens des villages s'assemblèrent partout, sans chef ; ils furent d'abord moins de cent, mais ils dirent que les nobles chevaliers couvraient de honte le royaume, et que ce serait bien fait de les détruire tous. Ainsi premièrement, ils s'en allèrent sans autres armes que bâtons ferrés et couteaux en la maison d'un chevalier ; ils forcèrent son hôtel et le tuèrent avec sa femme et ses enfants, puis brûlèrent sa demeure. Ainsi firent-ils en plusieurs châteaux ; ils furent bientôt six mille. Partout où ils allaient leur nombre croissait, car les suivait chacun qui était de leur opinion. Ainsi ces gens assemblés sans chef, brûlaient et volaient tout et assassinaient gentilshommes, nobles femmes et enfants.

Doc. 4 La Jacquerie de 1358. Jacques est le nom donné aux paysans. On appelle Jacquerie la révolte qui rassemble les Jacques. Les nobles ont pour tâche de défendre le pays dans l'armée du roi.

5. Comment les Jacques manifestent-ils leur mécontentement ?

6. Quelle partie du royaume est touchée par la Jacquerie ?

7. Pourquoi les paysans s'en prennent-ils aux nobles ?

Doc. 5 Le massacre des Jacques à Meaux le 10 juin 1358.

8. Qui sont les Jacques ?

9. Qui massacre les Jacques ?

Doc. 6 Le mariage d'Henri V **(miniature des *Chroniques* de Froissart du XVe siècle).**
Après la défaite française d'Azincourt (1415), le traité de Troyes (1420) prévoit le mariage d'Henri V, roi d'Angleterre, et de Catherine de Valois, fille du roi de France Charles VI. Ainsi, à la mort de Charles VI, leurs descendants devraient devenir rois de France. Le royaume de France va-t-il disparaître ?

10. Repère Henri V, Catherine de Valois et Charles VI.

Le Louvre

Charles V fait transformer la vieille citadelle du Louvre, construite sous Philippe Auguste, mais lui garde son allure de forteresse avec ses remparts et ses tours.

Miniature des *Très Riches Heures du duc de Berry*, illustrées par les frères Limbourg en 1416.

Charles V le Sage (roi de 1364 à 1380) et les transformations de Paris

Notre roi Charles fut sage. Il fit faire en maintes places de notables édifices, églises, châteaux et autres bâtiments, à Paris et ailleurs.
À Paris, il fonda l'église Saint-Antoine. À tous les couvents, il donna de l'argent pour faire réparer les édifices ainsi qu'à Notre-Dame et à l'Hôtel-Dieu. Il fit édifier de neuf le château du Louvre. Il fit édifier de fort belle façon la Bastille Saint-Antoine et aussi plusieurs des portes de Paris.
Il ordonna de faire le Pont-Neuf qui fut commencé sous son règne.

Christine de Pisan, *Le Livre des faits et Bonnes Mœurs du Roi Charles V*, vers 1390, © Éditions Slatkine.

Une bastide anglaise

Dans le sud-ouest de la France, des villages au plan bien ordonné, appelés bastides, sont la trace de la présence anglaise dans les régions de Guyenne et d'Aquitaine.
Jusqu'à la fin de la guerre de Cent Ans, ces villages sont construits par les Capétiens ou les Anglais le long des frontières.

Fourcès dans le Gers.

CENT ANS

Une France qui a failli disparaître

Lexique

Chevauchée : expéditions militaires qui ont pour but de piller les campagnes, de détruire les récoltes et le bétail. La chevauchée fait fuir les populations vers les villes qui servent de refuge.

Loi salique : ensemble de lois apportées par les Francs saliens ; l'une de ces lois interdit aux femmes d'hériter d'une terre.

CARNET DE ROUTE

La succession de Philippe le Bel

À partir de 1314, les trois fils de Philippe le Bel règnent tour à tour mais ils n'ont pas d'héritier mâle. La fille de Philippe le Bel, Isabelle, est l'épouse du roi d'Angleterre. Leur fils, Edouard III, pourrait devenir roi de France, mais les seigneurs du royaume s'y opposent en s'appuyant sur la **loi salique**. Le neveu de Philippe le Bel, **Philippe de Valois, devient donc roi de France en 1328.**

Le roi d'Angleterre, Edouard III, conteste cette décision. En outre, comme il possède la Guyenne, terre du royaume de France, il accepte mal d'être vassal du roi de France. La guerre entre la France et l'Angleterre éclate en 1337.

Comment fait-on la guerre ?

La guerre n'est pas continue : on compte 55 années de trêves pour 61 années de combats. Elle ne touche pas tout le royaume. Là où la guerre a lieu c'est une calamité : les bandes de soldats pillent les villages lors de **chevauchées**.

Les chevaliers **français** combattent avec la lance et l'épée.

Les **Anglais** utilisent surtout des archers qui tirent rapidement un grand nombre de flèches.

Les campagnes sont dévastées.

Les phases de la guerre

La guerre commence mal pour les Français : ils sont battus à **Crécy en 1346**. L'année suivante, le port de Calais est pris par les Anglais.
En 1356, la France subit une nouvelle défaite à Poitiers ; **le roi de France Jean le Bon est capturé**. Au malheur de la défaite s'ajoutent la peste noire, la famine et les révoltes (Jacquerie).

La France se redresse sous le règne de Charles V, grâce à Du Guesclin. Mais elle subit de nouvelles défaites (Azincourt en 1415) et **le royaume risque de disparaître** au traité de Troyes en 1420. Il faudra l'intervention de Jeanne d'Arc puis un nouveau sursaut pour vaincre les Anglais et mettre fin à la guerre en 1453.

Qui était

Jeanne d'Arc est une paysanne lorraine qui réussit à remporter des victoires sur les Anglais et à faire sacrer Charles VII roi de France en 1429. Elle a rendu l'espoir aux Français aux heures les plus sombres de la guerre de Cent Ans.

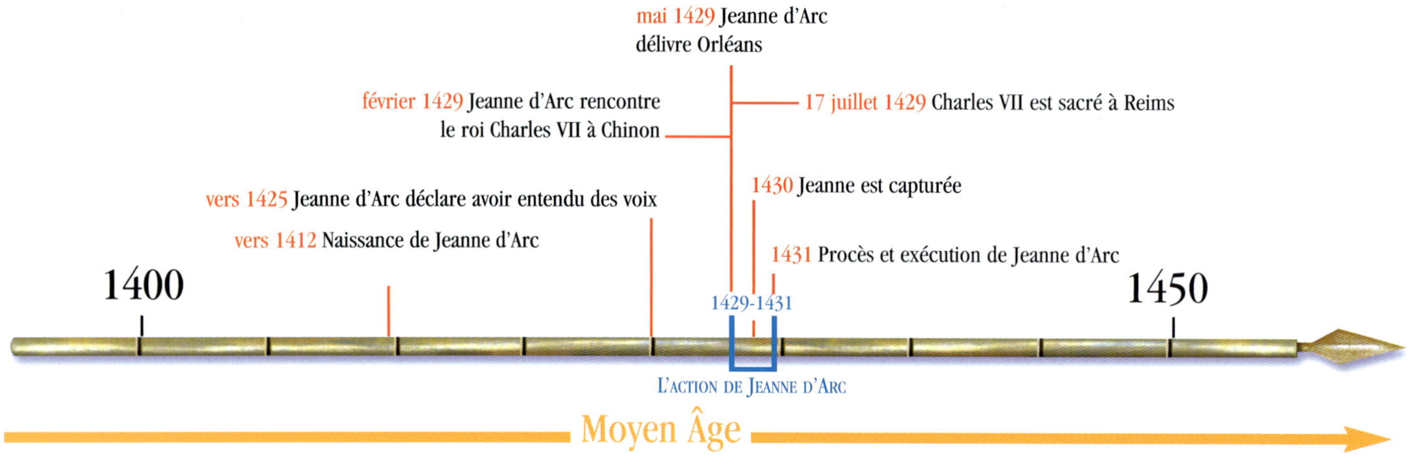

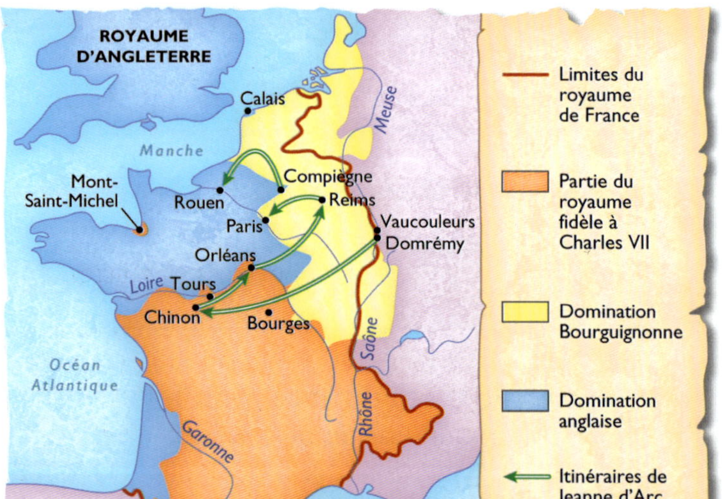

Doc. 1 **La France en 1429, au temps de Jeanne d'Arc.**

1. Où est situé Domrémy ?

2. Pourquoi Jeanne se rend-elle à Chinon ? Puis à Reims ?

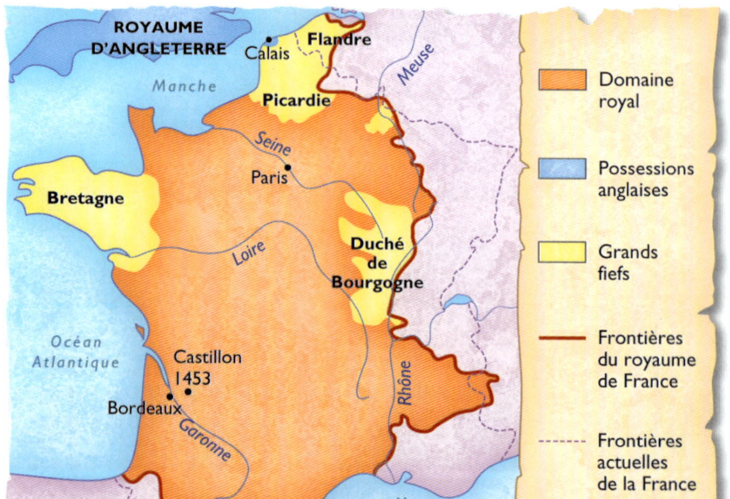

Doc. 2 **La France à la fin de la guerre de Cent Ans.**

3. Que reste-t-il aux Anglais dans le royaume de France à la fin de la guerre ?

4. Quelles différences remarques-tu avec la France d'aujourd'hui ?

JEANNE D'ARC ?

Doc. 3 **Jeanne d'Arc gardant ses moutons** (tableau du XIXe siècle).

5. Le **Doc. 3** *est-il un document d'époque ?*

LETTRES DE JEANNE D'ARC AU ROI D'ANGLETERRE ET AU DUC DE BOURGOGNE

Roi d'Angleterre, je suis chef de la guerre et je vous assure qu'en quelque lieu que je trouverai vos gens en France, je les combattrai et les chasserai, qu'ils le veuillent ou non. S'ils ne veulent pas obéir, je les ferai tous tuer. Je suis envoyée par Dieu, le roi du ciel, pour les combattre et les bouter hors de toute France.

Jeanne, 22 mars 1429.

Haut et redouté duc de Bourgogne, Jeanne la Pucelle vous demande que le roi de France et vous fassiez bonne paix. Pardonnez l'un à l'autre et faites rapidement retirer vos gens qui sont dans certaines forteresses du saint royaume de France. Et je vous fais savoir de par le roi du ciel, que vous ne gagnerez pas de bataille contre les loyaux Français.

Jeanne d'Arc, 14 juillet 1429. Georges et Andrée Duby, *Les Procès de Jeanne d'Arc*, © Julliard-Gallimard

Doc. 4

6. Comment Jeanne se présente-t-elle ?

7. Qu'annonce-t-elle au roi d'Angleterre ?

8. Que propose-t-elle au duc de Bourgogne ?

Doc. 5 **Jeanne d'Arc au bûcher** **(miniature de 1484).**
Prisonnière des Bourguignons, livrée aux Anglais, Jeanne est jugée à Rouen. Elle est condamnée comme sorcière par un tribunal aux ordres des Anglais. Elle est brûlée vive le 30 mai 1431. Au premier plan à droite, l'évêque Cauchon qui l'a condamnée.

9. Où est Jeanne d'Arc ? Que fait le soldat ?

10. À quoi serviront les fagots de bois situés derrière le soldat ?

1. Repère Jeanne d'Arc et le roi.

2. Décris le costume de Jeanne d'Arc. S'agit-il de la tenue habituelle d'une jeune paysanne ?

3. Comment expliques-tu l'étonnement du roi ?

Doc. 1 Arrivée de Jeanne d'Arc à Chinon (tapisserie de Nuremberg, fin du XVe siècle).
Jeanne rencontre le roi Charles VII le 25 février 1429. Elle réussit à le convaincre de se faire sacrer à Reims.

Doc. 2 Jeanne d'Arc délivre Orléans, 8 mai 1429
(miniature des *Vigiles de Charles VII*, Martial d'Auvergne, 1484).
À la tête d'une petite troupe, Jeanne d'Arc entre dans Orléans, assiégée par les Anglais depuis le 29 avril.

4. Qui assiège Orléans ?

5. Où sont les assiégeants sur cette miniature ?

JEANNE D'ARC, LE JOUR DU SACRE

Quand le roi fut sacré et quand on lui eut mis la couronne sur la tête, les trompettes sonnèrent de telle manière qu'il semblait que les voûtes de l'église allaient tomber. Durant la messe, Jeanne s'était toujours tenue auprès du roi, son étendard à la main. Et c'était très belle chose d'entendre Jeanne dire : « Gentil roi, désormais est exécuté le plaisir de Dieu qui voulait que je lève le siège d'Orléans et que je vous amène en cette cité de Reims recevoir votre saint sacre en montrant que vous êtes le vrai roi, celui auquel le royaume doit appartenir. »

D'après un témoignage du XVe siècle.

Doc. 3

6. Pourquoi Jeanne d'Arc dit-elle à Charles VII « vous êtes le vrai roi » **(Doc. 3)** *?*

7. Qui sacre le roi **(Doc. 4)** *?*

Doc. 4 Le sacre du roi Charles VII, 17 juillet 1429 (miniature du XVe siècle).

Doc. 5 Le procès de Jeanne d'Arc, janvier-mai 1431 (manuscrit du XVe siècle).

8. Décris Jeanne d'Arc et son attitude.

EXTRAIT DU PROCÈS DE JEANNE D'ARC

Question des juges : « Êtes-vous en état de grâce ? »

Réponse de Jeanne : « Si je n'y suis pas, que Dieu m'y mette, et si j'y suis, que Dieu m'y garde. »

Les juges : « Dieu déteste-t-il les Anglais ? »

Jeanne : « De la haine ou de l'amour de Dieu pour les Anglais, je ne sais rien, mais je sais qu'ils seront boutés hors de France, excepté ceux qui y mourront. »

Les juges : « Aimiez-vous mieux votre étendard ou votre épée ? »

Jeanne : « J'aimais beaucoup plus mon étendard. Je portais moi-même l'étendard quand on chargeait les ennemis pour éviter d'avoir à utiliser mon épée. Je n'ai jamais tué personne. »

Doc. 6

9. Explique « bouter hors de France ».

10. Est-ce la première fois que Jeanne d'Arc utilise cette expression ? **(Voir le Doc. 4, page 73.)**

La maison natale de Jeanne d'Arc à Domrémy

Le village natal de Jeanne d'Arc porte le nom de Domrémy-la-Pucelle. Il se situe dans l'actuel département des Vosges. Sa maison est devenue un musée.

Jeanne d'Arc au Japon

Jeanne d'Arc est aujourd'hui une héroïne mondialement connue. Dans ce manga japonais, elle apparaît en rêve à une fillette qui aime le Moyen Âge.

La réhabilitation de Jeanne d'Arc

En 1431, Jeanne a été condamnée comme hérétique (opposée à l'enseignement de l'Église) et relapse (après avoir reconnu son erreur, elle y retombe). Dès 1450, son procès est déclaré sans valeur.
Au XIXe siècle, l'historien Michelet et les républicains en font une héroïne nationale.
En 1920, l'Assemblée nationale décrète une journée de fête nationale en l'honneur de Jeanne d'Arc ; l'Église catholique canonise Jeanne d'Arc : elle devient une sainte.

L'image de Jeanne au XIXe siècle

À partir du XIXe siècle, les images de Jeanne d'Arc se multiplient. La représentation que l'on garde aujourd'hui de Jeanne d'Arc est celle de sa mort sur le bûcher. Elle apparaît désormais comme une sainte.

La naissance du patriotisme

L'action de Jeanne d'Arc ainsi que d'autres actes de résistance à l'occupation anglaise ont favorisé la naissance d'un patriotisme français, comme en témoigne cette chanson composée vers 1430.

Entre vous, gens de village
Qui aimez le Roi français
Prenez chacun bon courage
Pour combattre les Anglais

Chanson française, vers 1430.

Jeanne d'Arc au cinéma

Depuis le début de l'histoire du cinéma, de nombreux films relatent les exploits de Jeanne d'Arc :

1900 Film de Méliès (français) : *Vie de Jeanne en douze tableaux* ;

1916 Film de Cecil B. de Mille (américain) : *Jeanne, la femme (Joan the Woman)* ;

1928 Film de Carl Dreyer (danois) : *La passion de Jeanne d'Arc*, avec Renée Falconetti ;

1948 Film de Victor Fleming (américain) : *Jeanne d'Arc*, avec Ingrid Bergman ;

1954 Film de Roberto Rossellini (italien) : *Jeanne d'Arc au bûcher*, avec Ingrid Bergman ;

1957 Film de Otto Preminger (américain) : *Sainte Jeanne*, avec Jean Seberg ;

1962 Film de Robert Bresson (français) : *Le Procès de Jeanne d'Arc* ;

1994 Film de Jacques Rivette (français) : *Jeanne la Pucelle*, avec Sandrine Bonnaire ;

1999 Film de Luc Besson (français) : *Jeanne d'Arc*, avec Milla Jovovich.

Lexique

Assiégé : une ville assiégée est encerclée par des assiégeants. Elle ne peut recevoir ni vivres, ni renforts.

Guerre civile : guerre à l'intérieur d'un pays entre différents groupes d'habitants, opposés les uns aux autres.

Unité nationale : union de tous les habitants d'un même pays. Ces habitants constituent la nation.

CARNET DE ROUTE

La France divisée et affaiblie

La **guerre civile** oppose les Armagnacs et les Bourguignons qui finissent par s'allier aux Anglais.

Après la défaite française à Azincourt en 1415, **le fils du roi d'Angleterre est reconnu comme futur roi de France** par le traité de Troyes signé en 1420.

Jeanne d'Arc, de Domrémy à Orléans

Jeanne d'Arc est une paysanne née vers 1412 à Domrémy. Sa région souffre de la guerre. Très pieuse, elle déclare avoir entendu les voix de saint Michel, sainte Catherine et sainte Marguerite lui ordonner de quitter son village pour chasser les Anglais de France.

En 1429, **elle se rend à Chinon, où réside le roi Charles VII**. Il lui confie une petite armée. En mai 1429, elle libère Orléans **assiégée** par les Anglais.

Du sacre du roi au bûcher de Rouen

Jeanne d'Arc accompagne Charles VII à Reims où il se fait sacrer le 17 juillet 1429. Après le sacre, beaucoup de villes le reconnaissent comme le vrai roi de France.

Cependant Jeanne échoue devant Paris, puis est **capturée par les Bourguignons**. Ils la vendent aux Anglais qui la font juger et condamner à mort à Rouen. Elle y est **brûlée vive le 30 mai 1431**.

La fin de la guerre de Cent Ans

Jeanne d'Arc a joué un grand rôle dans le redressement de la France et le dénouement de la guerre. Charles VII se réconcilie avec les Bourguignons et réorganise son armée. Il reprend des territoires aux Anglais. Après la victoire française de **Castillon (1453), la guerre s'achève**. Les Anglais ne possèdent plus que Calais.

Chez les Français, la lutte commune contre l'ennemi anglais a renforcé le sentiment d'**unité nationale**.

Qui était

À la fin de la guerre de Cent Ans, la France est victorieuse mais ravagée. Le roi Louis XI (1461 à 1483) poursuit l'œuvre de son père Charles VII. Il rétablit le pouvoir royal, réussit à vaincre le puissant duc de Bourgogne et agrandit le domaine royal.

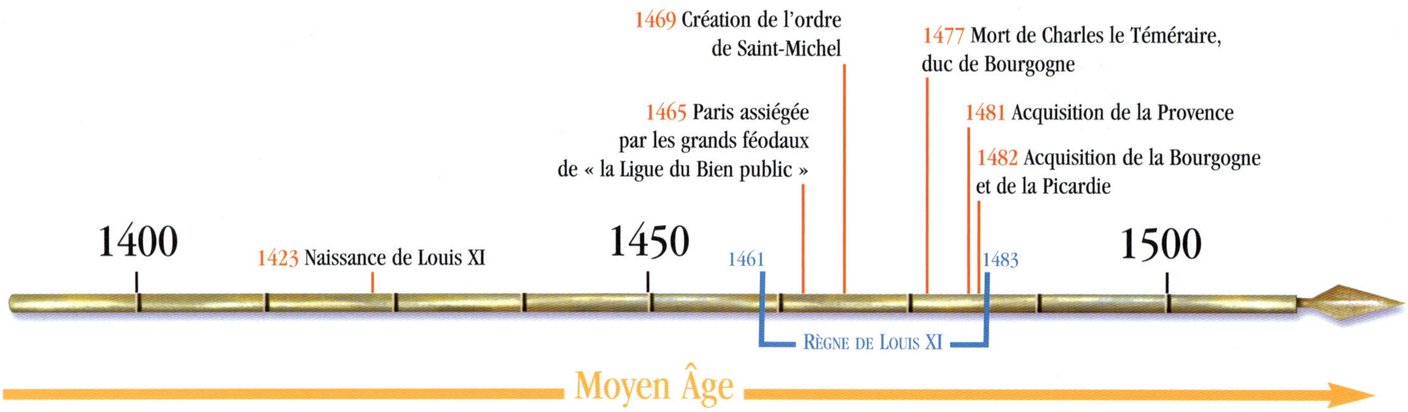

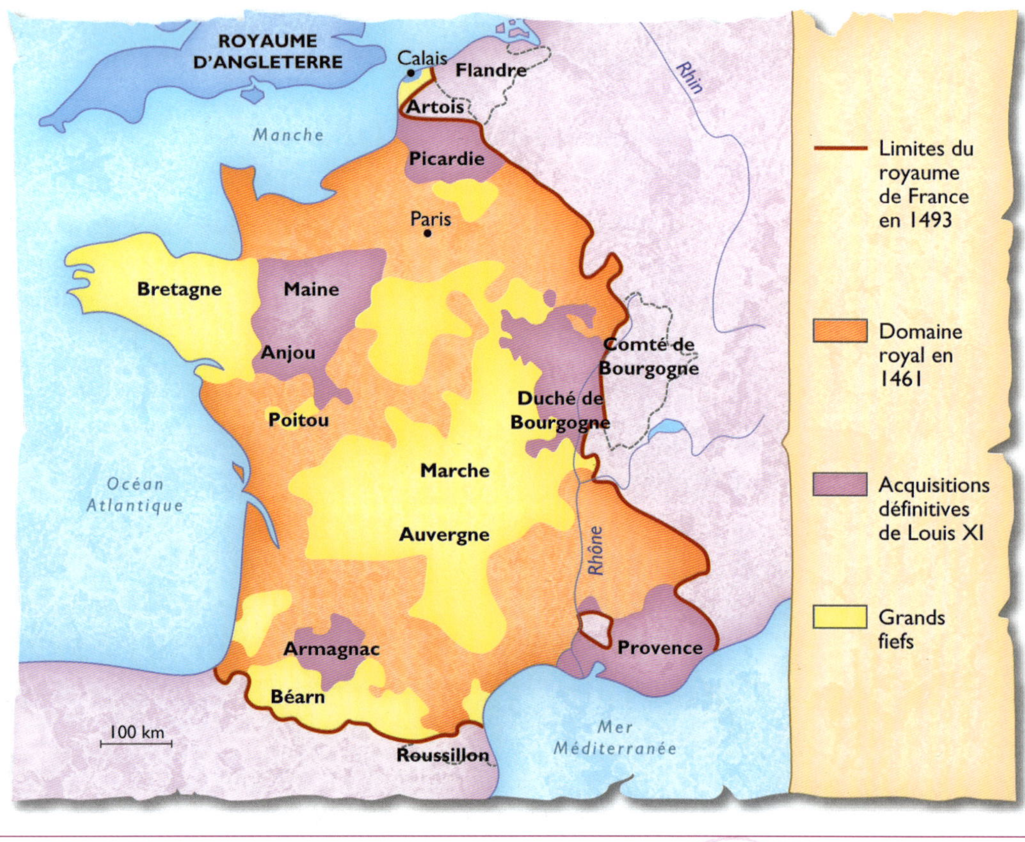

1. *Quelles provinces ont été conquises par Louis XI ?*
2. *À quelle période du règne de Louis XI ont-elles été conquises ?*
3. *Compare cette carte avec celle de la France sous Philippe Auguste page 46. Quelle remarque peux-tu faire ?*

Doc. 1 Les acquisitions de Louis XI.

Louis XI ?

Doc. 2 **Paris assiégée en 1465 par la « Ligue du Bien public », rassemblement de grands seigneurs opposés au roi** (miniature du début du XVIe siècle).

4. Décris les fortifications de Paris.

5. Décris l'armement des combattants qui assiègent Paris.

6. Qui sont ces combattants ?

7. À qui s'opposent-ils ?

8. Quel sera le vainqueur ?

9. Décris les différents groupes de personnages.

10. À quoi vois-tu que c'est le roi qui est mort ?

Doc. 3 **Mort de Louis XI, 30 août 1483** (miniature du début du XVIe siècle).

Doc. 1 **Portrait anonyme de Louis XI** (fin du XVe siècle).

LOUIS XI

De tous les hommes que j'ai pu connaître, le plus habile à se tirer d'un mauvais pas dans une période difficile, c'était le roi Louis notre maître. C'était aussi le plus humble, dans son discours comme dans sa mise, et celui qui s'acharnait le plus à se concilier un homme qui pouvait le servir ou au contraire lui nuire.
Et s'il lui arrivait d'échouer dans sa tentative, loin de se décourager, il insistait, sans lésiner sur les promesses qu'il tenait, en offrant à l'homme de l'argent et des dignités.
Il était naturellement l'ami des gens de moyenne condition et l'ennemi de tous les grands. Nul ne prêta jamais autant que lui l'oreille aux gens. Nul ne voulut connaître autant de choses et autant de gens que lui.

D'après Philippe de Commynes, *Mémoires*, 1489-1498.

Doc. 2

1. Montre que le roi Louis XI est resté un homme simple.

2. Décris l'expression de son visage.

3. Quel adjectif, dans cette description (Doc. 2)*, peut se rapporter au portrait de Louis XI* (Doc. 1) *?*

4. Quelles qualités de Louis XI apparaissent dans ce texte ?

5. Où est le roi ?

6. Que vois-tu représenté sur le tableau qui surmonte la tête du roi ?

Doc. 3 **Louis XI préside une réunion de l'ordre de Saint-Michel** (statuts de l'ordre de Saint-Michel, XVe siècle).
Louis XI a créé un ordre de chevalerie pour concurrencer l'ordre de la Toison d'or des ducs de Bourgogne. L'ordre de Saint-Michel rassemble de grands seigneurs français fidèles au roi.

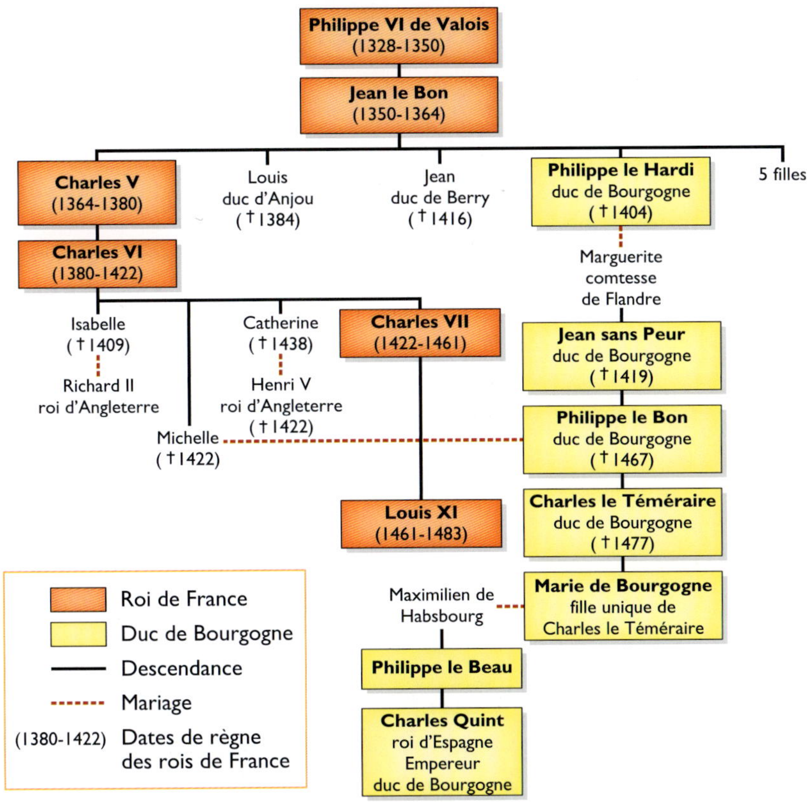

Doc. 4 Les ducs de Bourgogne.

7. Vers 1400, qui est roi de France et qui est duc de Bourgogne ? Quel est leur lien de parenté ?

8. En 1468, qui sont leurs descendants ? Quelles sont leurs relations ?

Doc. 5 Charles le Téméraire portant le collier de Grand Maître de l'ordre de la Toison d'or (portrait, fin du xve siècle).

9. Que porte Charles le Téméraire sur la poitrine ?

10. Compare ce portrait à celui du roi **(Doc. 1).**

CHARLES LE TÉMÉRAIRE

Charles le Téméraire se lançait dans tant de grandes entreprises que la vie ne lui laissait pas le temps de mener à bien.
Il s'agissait de choses presque impossibles, car la moitié de l'Europe n'aurait su le contenter.
Il avait assez de hardiesse pour entreprendre en toutes choses. Il disposait d'hommes et d'argent en quantité suffisante, mais il n'avait pas assez d'intelligence et de malice pour conduire ses entreprises. Car tous les ingrédients propices à la réalisation des conquêtes ne sont rien s'il ne s'y joint une très grande intelligence, qui, je crois, ne peut venir que de la grâce de Dieu.

D'après Philippe de Commynes, *Mémoires*, 1489-1498.

Doc. 6

11. Explique le surnom de Charles le Téméraire en t'appuyant sur ce texte.

12. Comment l'auteur explique-t-il l'échec de Charles le Téméraire ?

Une légende : les cages de fer dans lesquelles Louis XI enfermait ses prisonniers

On a longtemps accusé Louis XI d'emprisonner ses adversaires dans des cages de fer ne permettant ni de se tenir debout, ni de s'allonger complètement. Ce dessin du XVIIe siècle représente une de ces cages imaginaires.
En réalité, Louis XI se contentait d'emprisonner ses ennemis.

Le territoire de la France se rapproche, à la fin du règne de Louis XI, de ses limites actuelles.

La France à la fin du règne de Louis XI.

La France aujourd'hui.

L'imprimerie arrive en France

L'imprimerie est inventée à Mayence (Allemagne) par Jean Gutenberg, au milieu du XVe siècle : des caractères métalliques mobiles permettent d'imprimer des livres qui remplacent peu à peu les livres écrits à la main, les manuscrits. Grâce à cette invention, Gutenberg imprime, vers 1550, le premier livre : une Bible.
C'est sous le règne de Louis XI, en 1470, que l'imprimerie apparaît en France.

Les débuts de l'industrie de la soie en France

Louis XI écrit aux Lyonnais le 15 décembre 1466 : « Nous avons appris que pour faire venir dans notre royaume des draps de soie, il sort de celui-ci quatre ou cinq mille écus d'or chaque année. Il serait plus aisé de mettre dans notre royaume l'art de faire ces draps de soie, spécialement dans notre ville de Lyon où cet art est déjà pratiqué. Nous avons donc ordonné de mettre cet art dans notre ville de Lyon et d'y faire venir hommes et femmes expérimentés, environ 10 000 personnes qui sont à présent oisives. »

Michel Mollat, *Genèse médiévale de la France moderne*, Flammarion, 1977.

Lexique

Gabelle : impôt sur le sel créé par Charles VII en 1431.

Grands féodaux : grands seigneurs et grands princes qui possèdent des terres à l'intérieur du royaume de France mais en dehors du domaine royal.

Parlements : tribunaux les plus importants de France, de la fin du Moyen Âge à la Révolution de 1789.
Vers la fin du Moyen Âge, il en existe un à Paris et six en province (Toulouse, Grenoble, Bordeaux, Dijon, Rouen et Aix-en-Provence).

CARNET DE ROUTE

Le duc de Bourgogne face au roi de France

À la fin de la guerre de Cent Ans, la puissance des ducs de Bourgogne ne cesse de grandir mais leurs possessions sont dispersées. Les ducs de Bourgogne, Philippe le Bon puis son fils Charles le Téméraire, tentent de les réunir en un seul ensemble, des Pays-Bas à la Suisse. Ils se heurtent aux rois de France.

Charles VII avait réformé l'armée royale et créé de nouveaux impôts. **Louis XI, qui règne de 1461 à 1483, poursuit l'œuvre de son père** et affronte le duc de Bourgogne.

La personnalité et l'action de Louis XI

Louis XI mène une vie très simple, loin des fêtes et des cérémonies. Il fréquente peu les **grands féodaux**.

Il est en réalité **un souverain redoutable** qui préfère comploter et négocier plutôt que de faire la guerre. Ses ennemis sont parfois emprisonnés dans des conditions difficiles, ou décapités.

L'agrandissement du domaine royal

Certains grands féodaux, opposés au pouvoir grandissant du roi, prennent pour chef le duc de Bourgogne. Mais ce dernier n'hésite pas à se lancer dans des guerres, ce qui lui vaut son surnom de « Téméraire ».

Louis XI profite de la mort de Charles le Téméraire, lors du siège de Nancy en 1477, **pour se saisir de la Bourgogne** et de la Picardie. Sans faire la guerre, il acquiert **les provinces d'Anjou, de Maine et de Provence**.

Un pays reconstruit

Louis XI favorise l'économie (naissance de l'imprimerie, développement de l'industrie de la soie…). Les impôts créés par son père, comme la **gabelle**, rentrent régulièrement.
La justice royale est rendue dans des **parlements**.
Louis XI s'appuie sur les bourgeois et sur de petits nobles pour administrer le pays.
Le poids des grands féodaux diminue.

Jouer à la manière de...

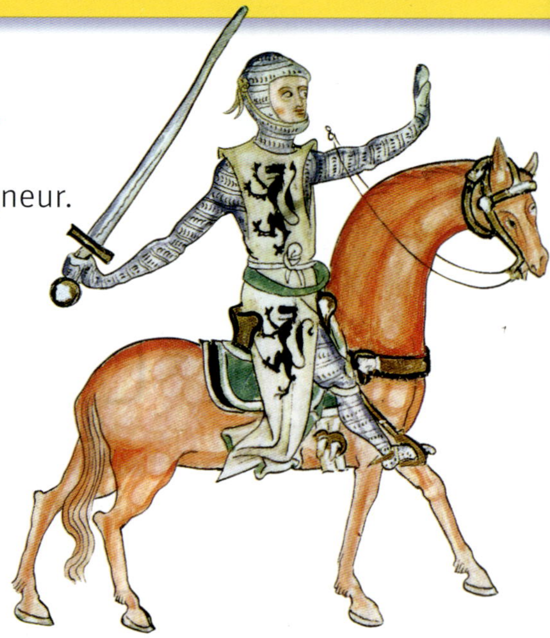

Je découvre l'importance des chevaliers

Les chevaliers sont des combattants à cheval au service d'un seigneur.
L'entraînement des chevaliers demande beaucoup de temps.
Le cheval et l'armement sont très coûteux.
Ils défendent le territoire du seigneur qui, en contrepartie, leur assure une protection et leur donne une terre appelée fief.
Les chevaliers sont violents. C'est pourquoi, l'Église essaie de canaliser la violence de cette société en imposant des rituels chrétiens.
L'engagement réciproque du chevalier et du seigneur donne lieu à une fête appelée adoubement. Cette cérémonie peut avoir lieu dès lors que le futur chevalier a 18 ans.

Je découvre la vie des chevaliers

Un entraînement rude

Dès son plus jeune âge, le futur chevalier est soumis à un entraînement individuel et collectif très rude. Le but de l'entraînement du chevalier est de lui faire acquérir l'esprit militaire et les techniques de combat. Il apprend à monter à cheval et à manier les armes. Il vit dans le château de son seigneur, il apprend à être son compagnon et à lui être fidèle, ce qui est son premier devoir. Quand le futur chevalier est prêt, c'est-à-dire quand il a acquis le sens de la fidélité et la technique des armes, il peut être adoubé.

L'adoubement

Au cours d'une cérémonie symbolique, le jeune chevalier reçoit ses armes de ses parrains ; le moment essentiel est celui où on lui attache son ceinturon.
L'adoubeur donne à l'adoubé une grande gifle avec la main, ou un coup violent sur l'épaule, avec une arme. C'est « la colée », mise à l'épreuve symbolique de la résistance du nouveau chevalier.
Plus tard, l'adoubement sera précédé de rites chrétiens (prière, communion).

Les tournois

En temps de paix, les chevaliers s'entraînent pendant les tournois.
Les tournois sont d'abord des exercices violents, véritables entraînements à la guerre. Plus tard, ils deviendront des jeux sportifs souvent très dangereux.
Sur le terrain, les combattants se reconnaissent grâce aux armoiries peintes sur leur tunique et sur leur bouclier.
Le but du tournoi est de désarçonner l'adversaire ou de transpercer sa cotte de maille à l'aide d'une lance.

l'adoubement d'un chevalier

Je deviens un chevalier

La date de l'adoubement a été fixée.
Les préparatifs commencent.
Le jeune Amalric va entrer au service du seigneur Robert de Tillières.
Pour que la cérémonie se passe le mieux possible, Amalric et ses compagnons de formation doivent répéter. Ensuite, ils feront preuve de leur habileté au cours d'un grand tournoi. Pour caracoler sur leur destrier, ils doivent revêtir leurs couleurs.

Les couleurs

À toi de créer le blason qui sera peint sur ton bouclier et sur ton étendard.
Choisis la forme de ton blason parmi celles qui te sont proposées.
Sur une grande feuille de papier cartonnée, reproduis cette forme au crayon à papier.
Ensuite, invente les emblèmes héraldiques et peins-les sur le blason.

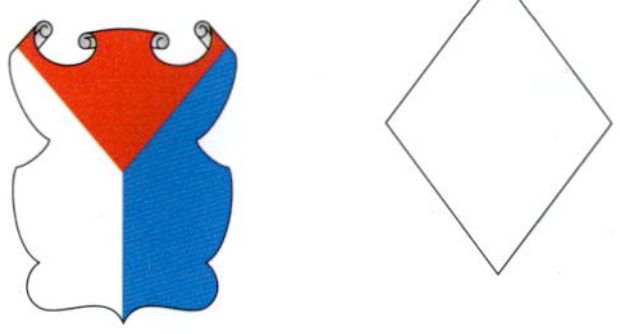

La cérémonie d'adoubement

Avec tes camarades, mets en scène la cérémonie d'adoubement.
L'un jouera Robert, le seigneur de Tillières, l'autre le parrain adoubeur et le troisième, Amalric, le futur chevalier. Deux autres seront les serviteurs.
Le seigneur Robert est assis au centre de la scène. À sa droite se tient le parrain du futur chevalier. De l'autre côté les serviteurs ont préparé l'épée, le ceinturon, les éperons, l'oriflamme et le bouclier.
La cérémonie commence, un serviteur s'avance et donne au seigneur l'épée d'Amalric.
Robert remet l'épée au futur chevalier.
Le parrain s'approche d'Amalric qui est au centre de la scène.
Il lui attache son ceinturon.
Il retourne à côté du seigneur. Les serviteurs s'avancent.
Ils fixent les éperons aux chevilles d'Amalric.
Amalric s'agenouille, son parrain s'avance.
Le parrain lui donne la colée.
Amalric se lève et se tourne vers les serviteurs.
Un serviteur va solennellement prendre l'oriflamme et le bouclier. Il s'approche d'Amalric et les lui remet.
L'adoubement est maintenant terminé, Amalric est chevalier. La fête peut commencer.

Objets à prévoir

Une chaise pour asseoir le seigneur, une épée, un ceinturon, un oriflamme, un bouclier.

Annexes

ARBRE GÉNÉALOGIQUE DES MÉROVINGIENS

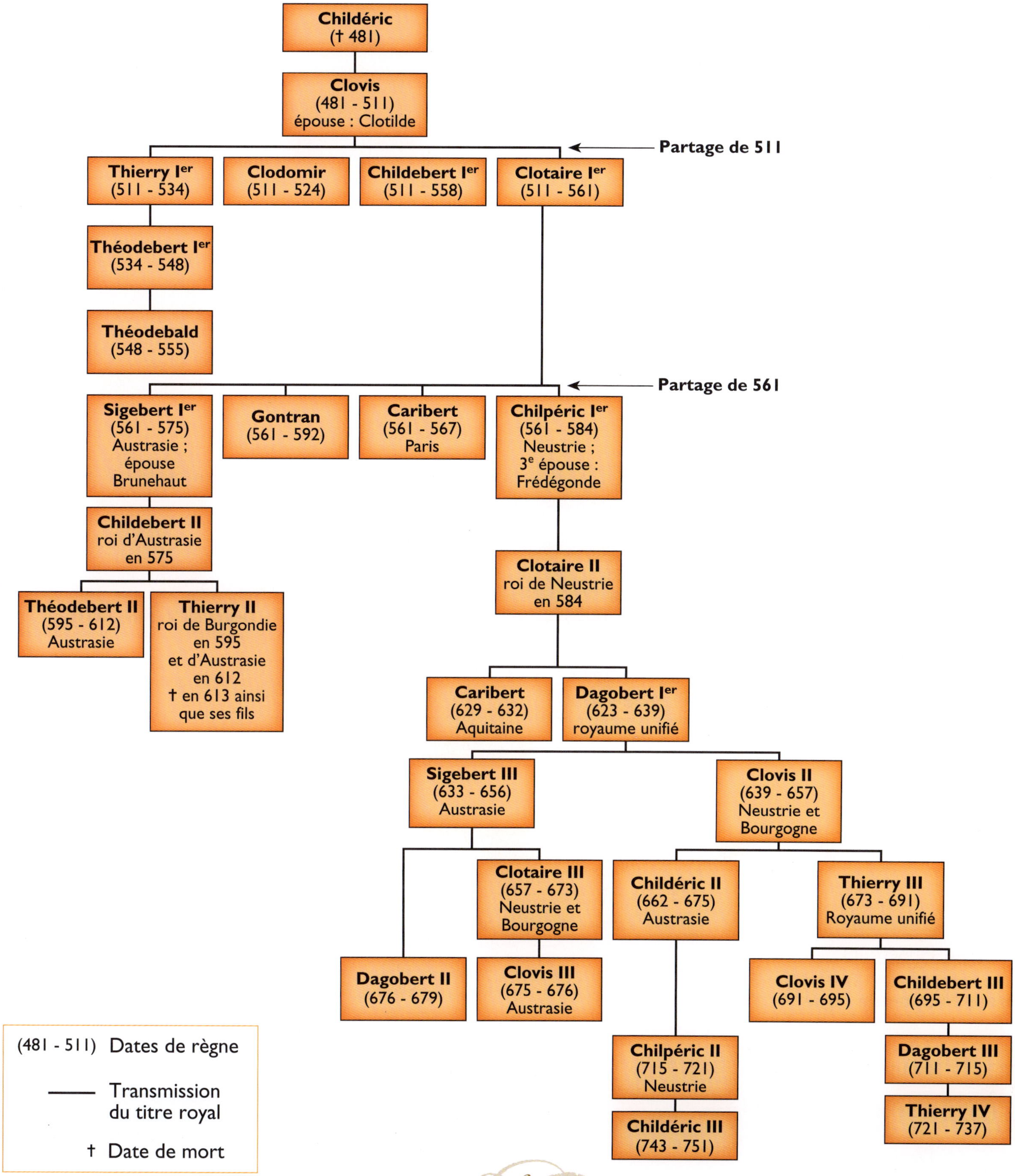

ARBRE GÉNÉALOGIQUE DES CAROLINGIENS

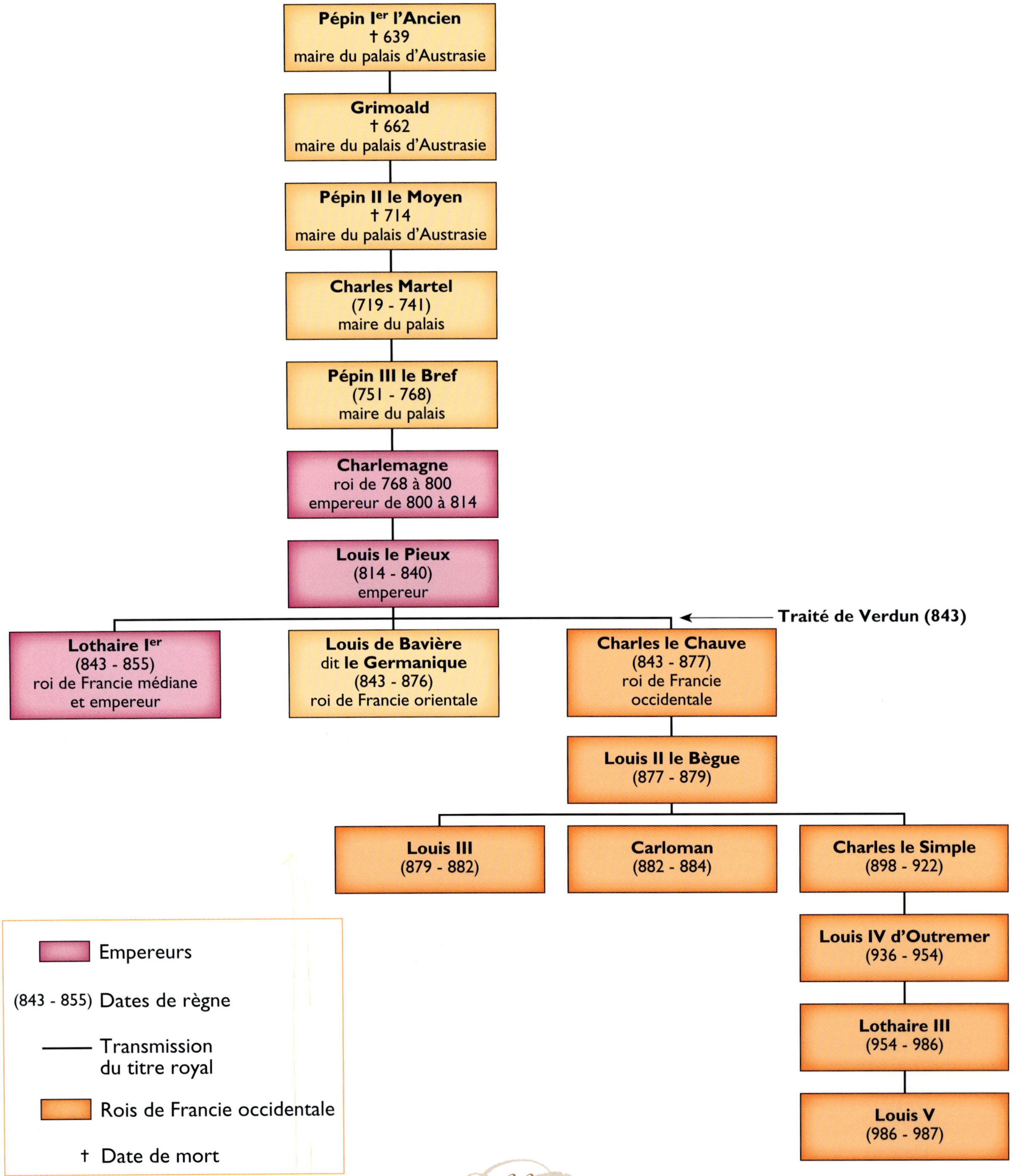

ARBRE GÉNÉALOGIQUE DES CAPÉTIENS

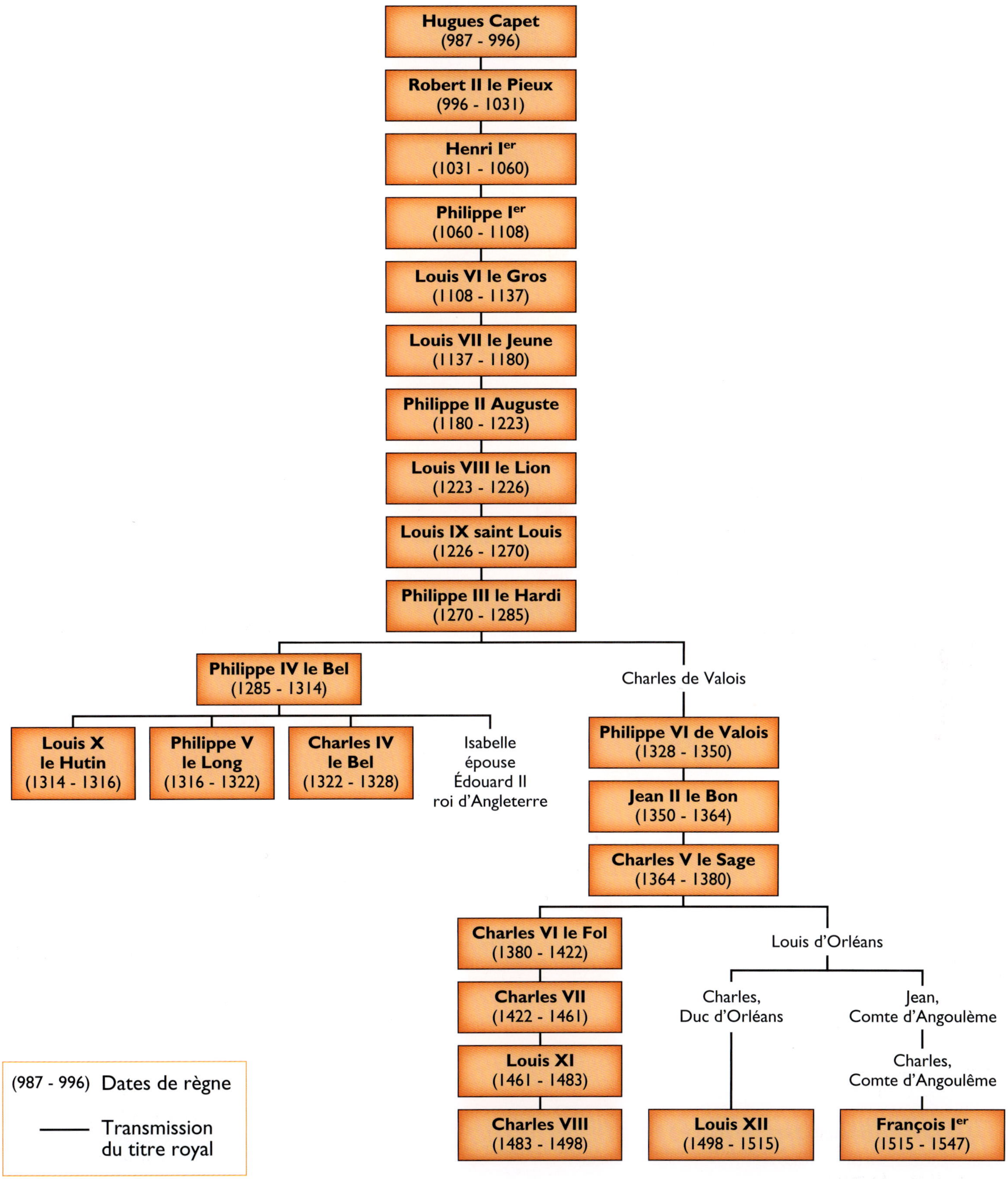

LA FRANCE AU XIe SIÈCLE

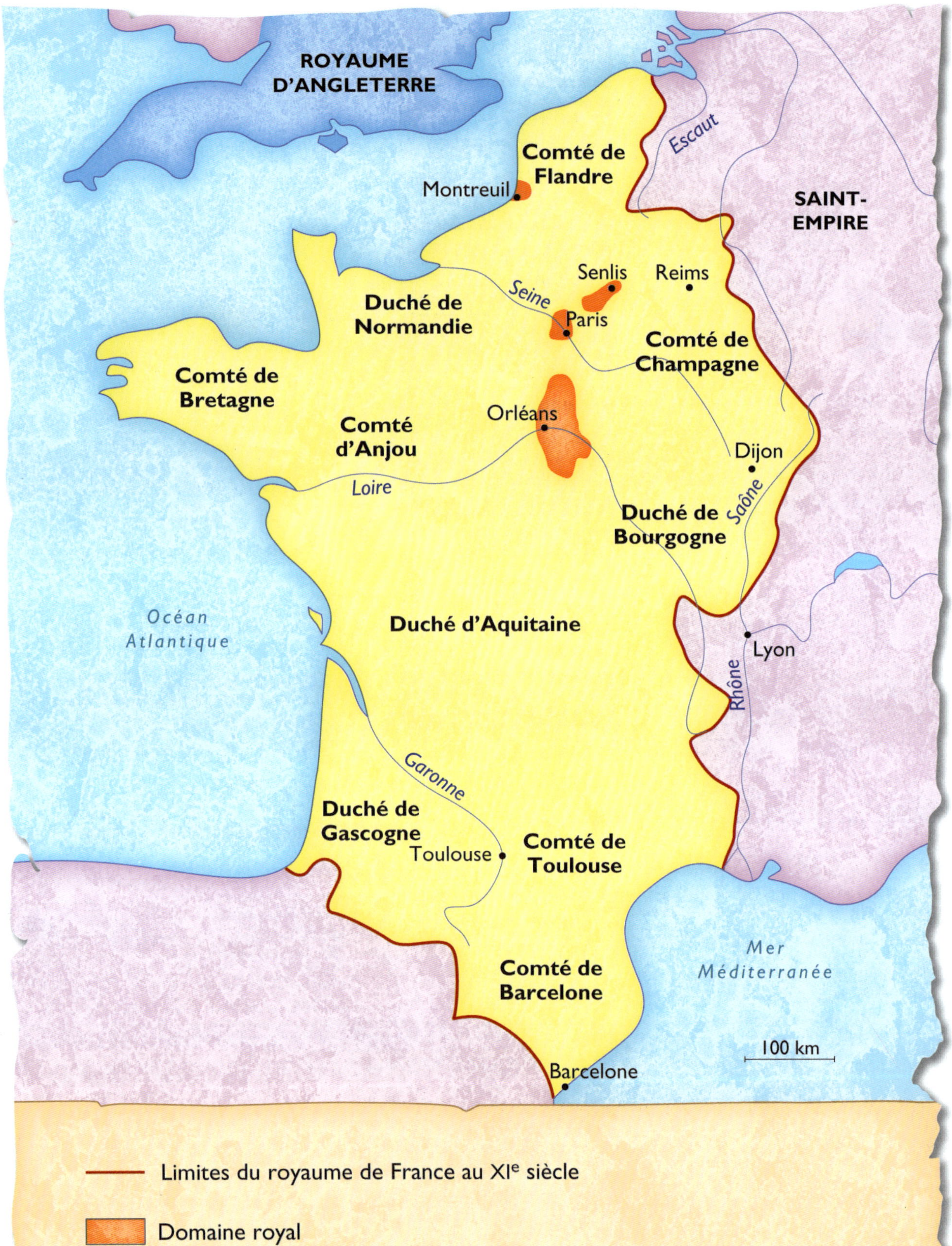

La France au XVe siècle

Les dates clés

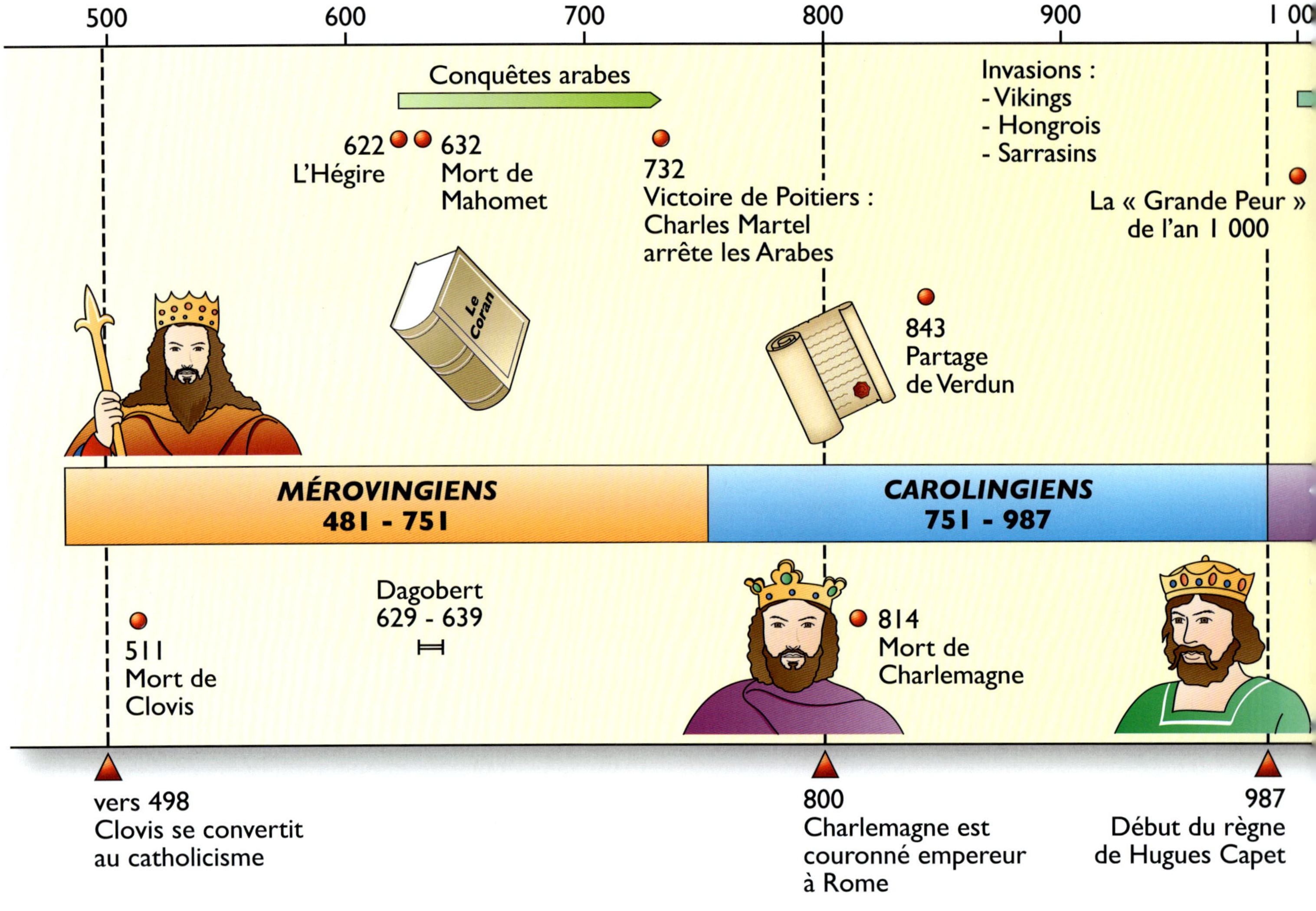

du Moyen Âge

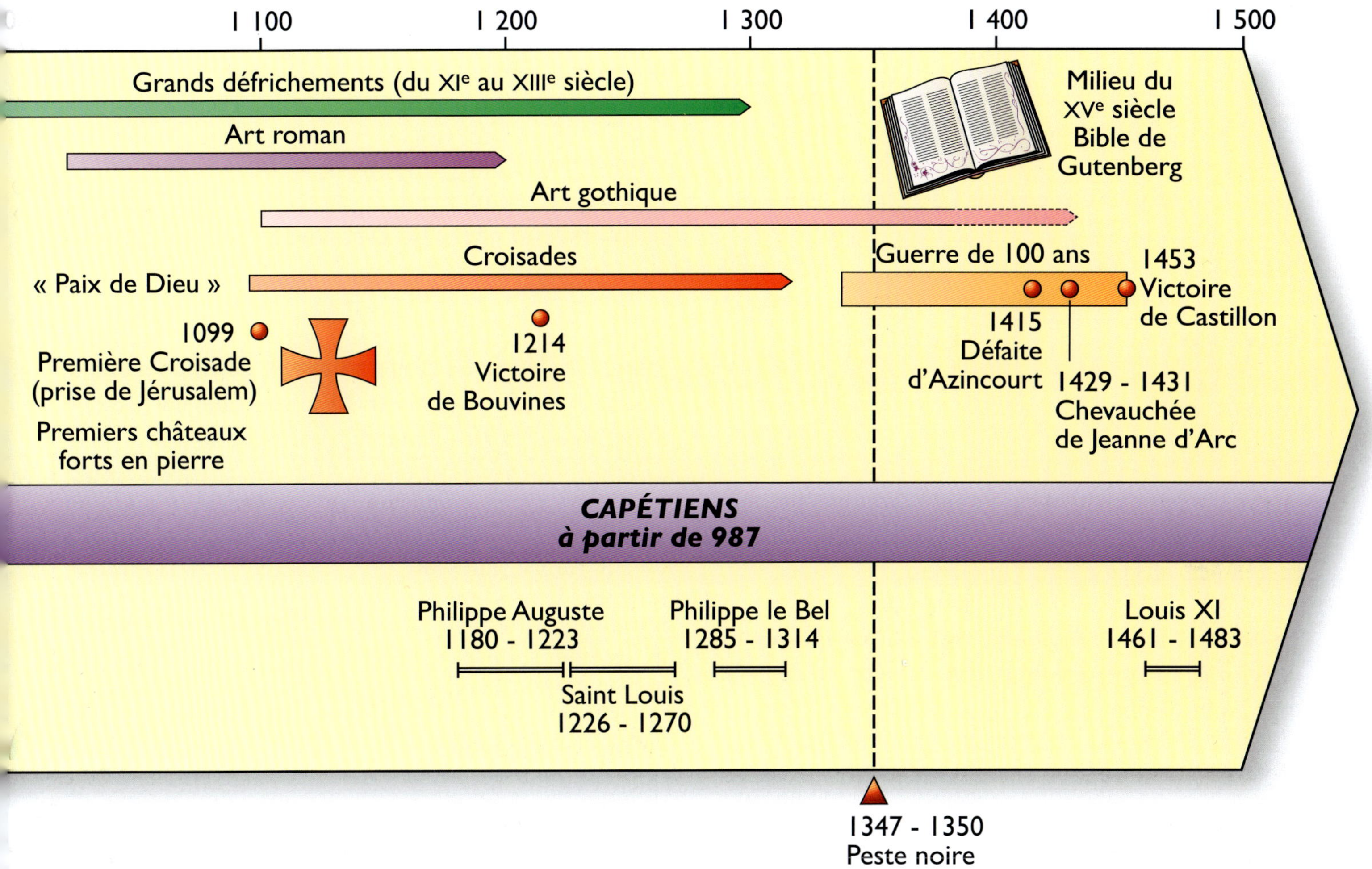
1 100
1 200
1 300
1 400
1 500
Grands défrichements (du XIe au XIIIe siècle)
Art roman
Art gothique
Croisades
« Paix de Dieu »
1099
Première Croisade
(prise de Jérusalem)
Premiers châteaux
forts en pierre
1214
Victoire
de Bouvines
Milieu du
XVe siècle
Bible de
Gutenberg
Guerre de 100 ans
1453
Victoire
de Castillon
1415
Défaite
d'Azincourt
1429 - 1431
Chevauchée
de Jeanne d'Arc
CAPÉTIENS
à partir de 987
Philippe Auguste
1180 - 1223
Philippe le Bel
1285 - 1314
Saint Louis
1226 - 1270
Louis XI
1461 - 1483
1347 - 1350
Peste noire

Petit dictionnaire du Moyen Âge

A – B

Adoubement : remise au chevalier, par son parrain, des armes et des éperons qui lui sont nécessaires.

Assiégé : une ville assiégée est encerclée par des assiégeants. Elle ne peut recevoir ni vivres, ni renforts.

Beffroi : tour de guet élevée dans l'enceinte d'une ville.

Bourgeois : au Moyen Âge, habitant d'une ville (ou « bourg ») qui y possède au moins une maison ou un atelier.

C

Calife : chef religieux et politique des musulmans. Il ne peut y avoir qu'un seul calife. Le calife correspond donc à la fois au pape et à l'empereur.

Canoniser : un personnage est canonisé quand le pape, après avoir ordonné une enquête, le déclare « saint » ou « sainte ».

Cathédrale : église qui abrite la cathèdre, le siège de l'évêque. C'est donc l'église de l'évêque. Il y en a une par diocèse.

Charité : amour de Dieu et de son prochain. Il se manifeste par des dons, des offrandes, des prières…

Chevauchée : expéditions militaires qui ont pour but de piller les campagnes, de détruire les récoltes et le bétail. La chevauchée fait fuir les populations vers les villes qui servent de refuge.

Commune : association d'habitants d'une ville, unis pour obtenir du seigneur des pouvoirs et des libertés.

Comte : sous les Carolingiens, personnage nommé par l'empereur pour le représenter dans les provinces.

Coran (de l'arabe « la récitation ») **:** livre sacré des musulmans. C'est la transcription, en langue arabe, de la parole d'Allah. Le Coran est divisé en 114 chapitres que l'on appelle des sourates.

Croisé : après la conquête de la Terre sainte par les musulmans, combattant chrétien qui part délivrer puis défendre le tombeau du Christ à Jérusalem.

D

Dîme : redevance établie au temps de Charlemagne, versée par les paysans à l'Église. Elle correspond à dix pour cent (un dixième) de la récolte.

Domaine royal : partie du royaume qui appartient personnellement au roi. Plus ce domaine est étendu, plus le roi est puissant.

Donjon : partie centrale du château fort qui contient la demeure du seigneur. C'est aussi la dernière défense lors d'un siège.

Droits seigneuriaux : taxes en argent ou en nature (blé, volailles, bétail) que les paysans doivent payer au seigneur en échange de sa protection.

Dynastie : succession de rois appartenant à la même famille. La France a été dirigée par trois dynasties (les Mérovingiens, les Carolingiens et les Capétiens).

E

États généraux : réunion des représentants des trois ordres du royaume : le clergé, la noblesse, les représentants du peuple (le Tiers État). Dans cette réunion, l'influence du clergé et de la noblesse est toujours plus grande que celle des représentants du peuple.

G

Gabelle : impôt sur le sel créé par Charles VII en 1431.

Grands féodaux : grands seigneurs et grands princes qui possèdent des terres à l'intérieur du royaume de France mais en dehors du domaine royal.

Guerre civile : guerre à l'intérieur d'un pays entre différents groupes d'habitants, opposés les uns aux autres.

I

Invasion : arrivée massive d'un peuple sur un territoire qui n'est pas le sien.

Islam : mot désignant la religion, les pratiques et les croyances des musulmans. En arabe, *aslama*, d'où provient le mot islam, est un verbe qui signifie « se soumettre ».

L

Légistes (du latin *lex* : la loi) **:** les légistes sont ceux qui ont étudié les lois.

Loi salique : ensemble de lois apportées par les Francs saliens ; l'une de ces lois interdit aux femmes d'hériter d'une terre.

M

Maire du palais : sous les derniers rois mérovingiens, personne qui gère le royaume.

Missi dominici (du latin « envoyés du maître ») **:** personnages envoyés par l'empereur pour surveiller les comtes.

Moines : membres du clergé qui vivent dans un monastère et doivent respecter une règle de vie. La règle la plus généralement appliquée est la règle de saint Benoît.

Musulman : de *muslim*, celui qui se soumet à Dieu.

P

Parlements : tribunaux les plus importants de France, de la fin du Moyen Âge à la Révolution de 1789. À la fin du Moyen Âge, il en existe un à Paris et six en province (Toulouse, Grenoble, Bordeaux, Dijon, Rouen et Aix-en-Provence).

S

Sacre : cérémonie au cours de laquelle le roi de France reçoit les signes de son pouvoir : la couronne royale, le sceptre et la main de justice. Elle a habituellement lieu dans la cathédrale de Reims. C'est un sacrement. L'archevêque de Reims dépose sur différentes parties du corps du roi de l'huile sainte, ce qui donne à cette cérémonie un caractère religieux. De tous les souverains du Moyen Âge, le roi de France est le seul à être sacré.

Serf : paysan non libre. Il cultive une terre qu'il ne peut quitter sans l'avis de son seigneur.

T

Templiers : moines-soldats qui forment un ordre religieux et militaire chargé de défendre la Terre sainte contre la conquête musulmane. Leur nom vient du Temple de Jérusalem, où ils se sont installés. Ils reçoivent de nombreux dons, des terres et deviennent très riches. Ils s'installent aussi en Occident, mais n'ont plus d'utilité après la perte de la Terre sainte par les croisés en 1291.

Trêve : au cours d'une guerre, période durant laquelle les combattants cessent de se battre.

U – V

Unité nationale : union de tous les habitants d'un même pays. Ces habitants constituent la nation.

Vassal (pluriel vassaux) **:** personne au service d'un seigneur qui est son suzerain. Le vassal doit obéir à son seigneur et lui venir en aide.

Crédits photographiques

Garde avant : Clovis, Musée de Picardie, Amiens, *Scènes de la vie de saint Rémi*, Reims, IXe siècle, ivoire ornant un plat de reliure, détail du troisième registre, cliché B. Teissèdre/Com des images ; Charlemagne, B.N.F., Lat. 1 fol. 27v ; Mahomet, © R. et S. Michaud/Rapho ; Philippe Auguste, © J. Vigne – **p. 7** : doc. 4, Musée de l'Armée, Paris © L.L. ; doc. 5, Musée dauphinois, Grenoble, Bridgeman/ Lauros/Giraudon ; doc. 6, C. Darrigan, lithographie en couleur dans G. Gautherot, *Histoire de France*, 1935, Archives Charmet, Bridgeman – **p. 8** : doc 3, Musée de Picardie, Amiens, *Scènes de la vie de saint Rémi*, Reims, IXe siècle, ivoire ornant un plat de reliure, détail du troisième registre, cliché B. Teissèdre/Com des images – **p. 9** : doc. 4, *Grandes Chroniques de France*, B.N.F, Fr. 2610, fol. 20 ; doc. 5, *Grandes Chroniques*, B.N.F., fr. 2608, 81v – **p. 10** : Dagobert, B.N.F., Monnaie mérovingienne 64 ; Supplice de Brunehaut, *Grandes Chroniques*, B.N.F., Fr 2813, 60v – **p. 13** : doc. 2, Trésor de la cathédrale d'Aix-la-Chapelle, 1350, Bildarchiv Steffens, Bridgeman ; doc. 3, Jean Fouquet, *Grandes Chroniques de France*, B.N.F., Fr. 6465, 89v, fol.89v, Bridgeman/Giraudon ; doc. 4, *Ogier le Danois*, Bib. nationale de Turin © Roger-Viollet – **p. 14** : doc. 1, Jean Fouquet, *Grandes Chroniques de France*, B.N.F., Fr 6465, 89v ; doc. 2, B.N.F., Lat. 1 fol. 27v – **p. 16** : Charlemagne et un scribe, *Grande Chronique de Saint-Denis*, Bib. municipale de Toulouse, fol. 78 © J. Vigne ; A. Dürer, *Charlemagne*, Musée germanique de Nuremberg, Bridgeman ; Fer à cheval © Getty images/Davies & Starr ; Reconstitution du palais d'Aix-la-Chapelle, in P. Riché, *Charlemagne* © Perrin – **p. 17** : Denier d'argent, Photothèque Hachette-Livre, B.N. F. – **p. 18** : doc. 2 © Rapho – **p. 19** : doc. 4, © Artephot-Mandel, Paris ; doc. 5, © R. et S. Michaud/Rapho – **p. 21** : doc. 5, British Museum, Londres ; doc. 6, © R. et S. Michaud/ Rapho – **p. 22** : Coran © R. et S. Michaud/ Rapho ; Mosquée de Cordoue, © The Art Archive/Dagli Orti ; La Kaaba © Gamma/M. Lounes – **p. 23** : Drapeau saoudien, © J. Andanson/Corbis Sygma – **pp. 24 et 25** : © Détail de la Tapisserie de Bayeux, XIe siècle, avec l'autorisation de la ville de Bayeux – **p. 26** : doc. 1, Photothèque Hachette-Livre, G. Revel, *L'Armorial d'Auvergne, Forez et Bourbonnais*, B.N.F., Fr. 22297, fol. 120 – **p. 27** : doc. 2, *Le Rustican*, Musée Condé, Chantilly © Josse – **p. 28** : doc. 3, *Manuscrit de Cîteaux*, Bib. municipale de Dijon, Ms 173 f.41 © F. Perrodin – **p. 29** : doc. 4, *Miracles de Notre-Dame*, B.N.F., Fr. 9199, fol. 92v ; doc. 6, Ms. 927 fol. 145r, Bib. Municipale de Rouen, Bridgeman/Lauros/Giraudon – **p. 30** : Lardonnois, © B. Beaujard ; Charavine, Musée de Paladru ; Moulin à vent, © Bodleian Library, Oxford – **p. 32** : doc. 1, © B. Beaujard ; **p. 33** : doc. 3, © D.R. ; doc. 4, © Tixador/Top – **p. 34** : doc. 1, Photothèque Hachette-Livre, Benoît de Sainte More, *Roman de Troie*, B.N.F., Fr. 782, fol. 161 ; doc. 2 et 3, *Codex Manesse*, vers 1298-1304, Bib. de l'Université d'Heidelberg, Bridgeman, © Held Collection Swiss – **p. 35** : doc. 5, British Library, Londres ; doc. 6, Jean Froissart, *Chronique*, B.N.F. – **p. 36** : Quéribus © B. Beaujard – **p. 37** : Ogre, collection Kharbine Tapabor – **p. 38** : doc. 3, *Grandes Chroniques de Saint-Denis*, Bib. municipale de Toulouse, 512 fol. 96 © J. Vigne – **p. 39** : doc. 4, © Benazet ; doc. 7, © Bridgeman/Giraudon – **p. 40** : doc. 1, Archives de l'AP-HP, Paris ; doc. 3, Musée du Louvre, Paris, © Photo R.M.N./ © D.R. – **p. 41** : doc. 4, © H. Champollion/Top ; doc. 5, Maître de Tolentino, *Vie de saint Nicolas de Tolentino*, Italie © Dagli Orti – **p. 42** : Moine copiste, Bib. municipale de Porto, Portugal, *Vitae sanctorum*, Ms. 22, fol. 139r © Dagli Orti ; Maître et étudiants, Chrétien Legouis, *Leçon de philosophie*, Bib. Municipale de Rouen, Ms. 1044 fol. 73v © Bridgeman/Lauros/Giraudon – **p. 44** : Pain, © Getty images/Ian O'Leary ; **p. 45** : Jean Wauquelin, *Comment le noble roi Alexandre fut empoisonné*, Musée du Petit-Palais, Paris © Bridgeman/Lauros/Giraudon – **p. 47** : doc. 3, British Library, Londres ; doc. 4, Archives nationales, Paris © J. Vigne ; doc. 5, Jean de Tillet, *Recueil des Rois de France*, B.N.F., Fr. 2848, fol. 83 ; **p. 48** : doc. 1, Maîtres de la Vie de Saint-Denis et de Guignes, *Ordo du sacre de 1250*, B.N.F., Lat. 1246, fol. 17, 29 et 26v ; doc 2, B.N.F., Fr 6465, 223 – **p. 49** : doc. 3 : © Bib. royale de Belgique, Bruxelles, MS 9244, fol. 210 – **p. 50** : Château Gaillard © Faillet/Keystone-France – **p. 51** : Vitrail de Chartres, © Faillet/ Keystone-France – **p. 53** : doc. 3, Bridgeman/Giraudon ; doc. 4, *Grandes Chroniques de France*, B.N.F., Fr. 2813, fol. 290 ; doc. 5, *Vie et miracles de saint Louis*, B.N.F., Fr. 2829, fol. 82 – **p. 54** : doc. 2, Jean de Joinville, *Vie de saint Louis*, B.N.F., Fr. 13568, fol. 83 – **p. 55** : doc. 3 et 5, *Vie et miracles de saint Louis*, B.N.F., Fr. 2829, fol. 49v et 82 – **p. 56** : Saint Louis rend la justice, D.R. ; La Sainte-Chapelle, Bridgeman/Giraudon ; Hôpital des Quinze-Vingt, Réa ; Écu d'or de 1270, B.N.F., Monnaies, Beistegui 243 ; Ossements de saint Louis, © Bridgeman/Giraudon – **p. 57** : Aigues-Mortes, Altitude/Yann Arthus Bertrand – **p. 59** : doc. 3, Bridgeman/Giraudon ; doc. 4, *Les institutions* de Justinien, Bib. municipale de Bordeaux ; **p. 60** : doc. 3, © Bib. apostolique du Vatican, A. Gesgon – **p. 61** : doc. 4, Bridgeman/Giraudon ; doc. 7, *Grandes Chroniques de France*, Roy 20 C VII fol. 44, British Library, Londres – **p. 62** : Petit Royal d'or, 1290, Musée de la Monnaie, Paris © Josse ; Palais des papes, © Lescourret J.-P./Explorer/Hoa-Qui – **p. 64** : Troubadours, *Cantigas de Santa Maria*, Bib. de l'Escorial, Madrid, Bridgeman ; château, Jean le Sénéchal, *Livre des cent ballades*, Musée Condé, Chantilly, Bridgeman – **p. 65** : un troubadour, Musée Condé, Chantilly, France, Bridgeman ; amour courtois, Liedet Loyset, *Le jardin de l'Amour*, Ms. 5072 fol. 71v, Bib. de l'Arsenal, Paris © Bridgeman/ Giraudon – **p. 67** : doc. 3, Loyset Liedet et Jean Froissart, *Chroniques*, B.N.F., Fr. 2643, fol. 207 ; doc. 5, Bib. Sainte-Geneviève, Paris, *Histoire de Du Guesclin*, Ms 814, fol. 125r © Bridgeman – **p. 68** : doc. 2, British Library, Londres © akg-images, Paris ; doc. 3, Ms 6, fol. 218, Bridgeman © Lambeth Palace Library, Londres – **p. 69** : doc. 5, Loyset Liedet et Jean Froissart, *Chroniques*, B.N.F., Fr. 2643, fol. 226v ; doc. 6, Paris B.N. © Josse – **p. 70** : Le Louvre, Pol de Limbourg, *Très Riches Heures du duc de Berry*, Musée de Condé, Chantilly © Josse ; Charles V, Photothèque Hachette-Livre, Musée du Louvre, Paris ; Fourcès (Gers), © L. Roulland/Altitude – **p. 73** : doc. 3, J. Lenepveu, *Jeanne d'Arc gardant ses moutons*, Panthéon, Paris © Josse ; doc. 5, Martial d'Auvergne, B.N.F. © Josse – **p. 74** : doc. 1, Musée historique et archéologique d'Orléans © Bridgeman/Giraudon ; doc. 2, Martial d'Auvergne, *Vigiles de Charles VII*, 1484, B.N.F., Fr 5054, fol. 57v – **p. 75** : doc. 4, Martial d'Auvergne, *Vigiles de Charles VII*, B.N.F., Fr. 5054, fol. 63v ; doc. 5, *Copie du procès de la condamnation de Jeanne d'Arc*, B.N.F., Lat. 5969, fol. 1 – **p. 76** : Maison de Jeanne d'Arc, © The Art Archive/Dagli Orti ; Jeanne d'Arc au Japon, cl. Centre Jeanne d'Arc, Orléans, D.R. ; Mort de Jeanne d'Arc, Grobet, *Histoire de France* © selva/leemage – **p. 77** : Affiche, Prod. DB © Gaumont, D.R. – **p. 79** : doc. 2, Musée Dobrée, Nantes, Bridgeman/Giraudon ; doc. 3, Musée Dobrée, Nantes, Ms. 18, fol. 208v © Bridgeman/ Giraudon – **p. 80** : doc. 1, Château de Plessis-lès-Tours © Josse ; doc. 3, Jean Fouquet, *Statuts de l'ordre de Saint-Michel*, 1470, B.N.F., Fr. 19819, fol. 1 – **p. 81**, doc. 5, Musée des Beaux-Arts de Dijon © F. Jay – **p. 82** : Cage de fer, B.N.F., Gaignières, VA-37 (3) ; Atelier d'imprimerie, Bib. des Arts décoratifs, Paris © J. Vigne – **p. 84** : Chevalier, Bib. municipale de Cambrai © Bridgeman Art Library ; Tournoi, Photothèque Hachette-Livre, B.N.F. – **p. 85** : Adoubement, Jacques de Guise, *Histoire des nobles princes de Hainaut*, 1470, Bib. Municipale de Boulogne-sur-Mer, Ms. 149, vol.3, fol. 88 recto © akg-images/ E. Lessing – **garde arrière** : Louis IX, Bridgeman/Giraudon ; Philippe le Bel, Bridgeman/Giraudon ; Jeanne d'Arc, Martial d'Auvergne, *Vigiles de Charles VII*, B.N.F., Fr. 5054, fol. 63v ; Louis XI, Jean Fouquet, *Statuts de l'ordre de Saint-Michel*, 1470, B.N.F., Fr. 19819, fol. 1.

Imprimé en Espagne par Cayfosa-Impresia - Dépôt légal 08 /2010 - Collection n°74 - Edition n°07
11/7340/0